兵庫県の名字

親から子へ伝えたい　我が家のルーツ

森岡　浩・著

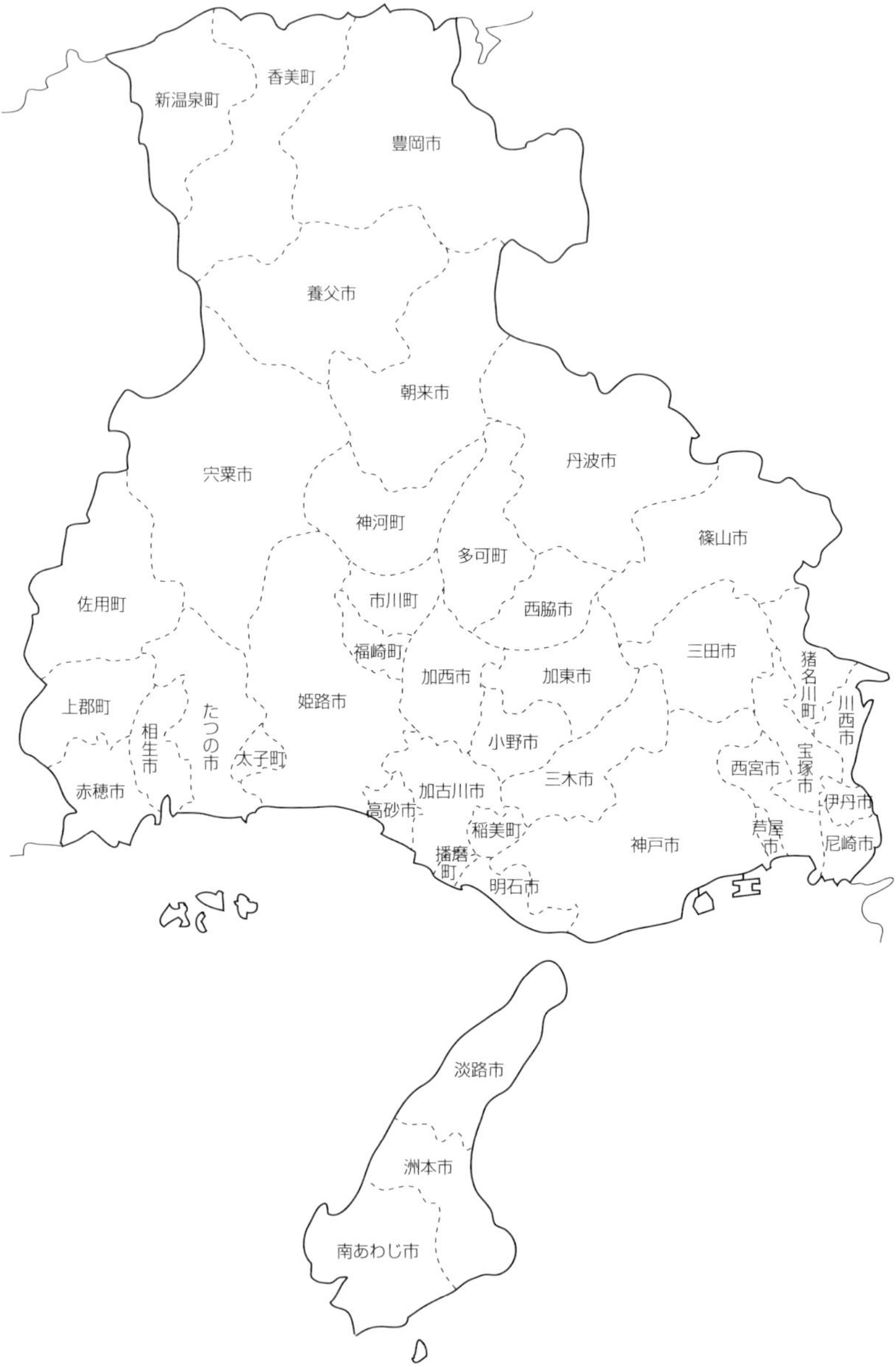
香美町
新温泉町
豊岡市
養父市
朝来市
宍粟市
丹波市
神河町
篠山市
多可町
佐用町
市川町
西脇市
三田市
福崎町
加西市
加東市
猪名川町
上郡町
姫路市
川西市
相生市
たつの市
小野市
太子町
宝塚市
西宮市
赤穂市
三木市
加古川市
伊丹市
高砂市
稲美町
芦屋市
神戸市
尼崎市
播磨町
明石市
淡路市
洲本市
南あわじ市

兵庫県の名字　もくじ

凡例

・本書で収録した名字は、次のような差異があっても、すべて同じものとしました。

旧字体を使った名字（例「渡辺」と「渡邊」）

異字体を使った名字（例「渡辺」と「渡邉」）

読み方で清濁の違いがある名字（例「やまざき」と「やまさき」）

・名字のルーツには諸説があり、本書で紹介したのはその一部です。

・本書に掲載した人名は新字表記としたため、実際とは異なる場合があります。また、肩書などは平成28年8月執筆時点によるもので、敬称は省略しました。

・本書で記載した地名は一般的な表記とし、平成合併以前の市町名には旧を付けました。

一章　名字とはなにか

名字とはなにか

日本人は誰でも名字と名前を一つずつ持っている。筆名や旧姓が別にある、という人もいるだろうが、戸籍名は名字も名前も一つずつのはずだ。当たり前と思うかもしれないが、実は世界的にみれば当たり前ではない。欧米では、ミドルネームという二つ目の名前を持つ人が多く、結婚すると両者の名字をつなげた複合姓を採用しているところもある。ラテン系の国では両親の名字をつなげて名乗る国も多い。

一方、東南アジアには名字を使わない国もある。ミャンマーのアウン・サン・スー・チー女史の場合、新聞などでは「スー・チー」を名字のように扱っていることがあるが、実は「アウン」「サン」「スー」「チー」いずれも名前。ミャンマーには「名字」は存在しない。中国文化圏を除くアジア諸国では、名字を持たない国が多かった。しかし、20世紀初頭にイギリスに留学した新国王がイギリスに倣って名字制度を導入したタイをはじめ、近年ではモンゴルなどでも名字を制度として取り入れ、名字のない国は減りつつある。なお、アラブ世界では、部族名や祖父・父の名前に自分の名前を組み合わせた長い名前で、日常的にはその一部のみを名乗っており、ここにはもはや名字という概念すらない。

ところで、「名字」と「姓」の違いがわかるだろうか。現代では「名字」と「姓」はほぼ同じ意味に使われており、専門家を除いて両者を区別する人はほとんどいない。

しかし、「名字」と「姓」は本来全く別のものであった。中世においてはこの両者ははっきりと区別されており、公家や武士たちは、自らの出自を示す「姓」と、自分たちの一族を指す「名字」の両方を持っていた。

古代に使用されていたのは「姓」である。教科書にも登場した蘇我馬子や物部《もののべ》守屋、大伴金村、小野妹子らの「蘇我」「物部」「大伴」「小野」は名字ではなく「姓」なのだ。

しかし、平安時代頃から次第に「姓」とは別に「名字」が使われるようになった。そして、日常的には「名字」を使用し、公的には「姓」を使うことで区別した。やがて、日常利用しない「姓」は失った家も増えてくる。とくに戦国時代に実力で成り上がった武士たちには公的な場所は無縁で、「姓」を使う機会はなかった。しかし、戦国時代を勝ちぬいて江戸時代に突入すると「姓」を使用する場面にも遭遇することになる。たとえば、幕府の編纂した大名や幕臣の系譜集『寛政重修諸家譜』は「名字」ではなく、「姓」で配列してある。公式の場では「姓」と「名字」を使い分けるのが基本であったため、「姓」がわからない家では、適当な「姓」を名乗るということも多かった。

県内の武家でいえば、豊岡藩主の京極家は源姓で間違いないが、姫路藩主酒井家の源、柏《かい》原《ばら》藩主織田家の平、篠山藩主青山家の藤原などは本当のところはわからない。

一般庶民がこうした名字を持ったのは、明治以降と思っている人が多い。明治のはじめ、突然名字をつけることになり、困った農民がお坊さんや庄屋に名字をつけてもらうよう依頼した。当初はきちんと考えていたお坊さんも、やがて名字の種類に行き詰まり、野菜や魚の名前を名字にした、という話を聞いたことがあるかもしれない。しかし、これは笑い話の類いである。

教科書をみると「江戸時代は武士しか名字を名乗ることは許されなかった」とある。もちろん、これは間違いではない。なぜなら、「許されなかった」のであって「なかった」とはどこにも書いていないからだ。しかし、小中学生が、この文言から行間を読み取るのは至難の業だろう。

江戸時代の武士の割合は、人口のわずか1割程度。残りの9割の人たちに名字がなかったと本気で考えている研究者はいない。なぜなら、現在では、農民や商人の名字を書いている資料は多数見つかっているからだ。

たとえば、幕末の志士坂本龍馬は土佐藩最下級の武士だが、その本家は武士ではなく質屋の才谷屋。この才谷屋には坂本という名字があり、同家には名字の由来についての伝承も伝わっている（信憑性は乏しい）。また、江戸時代中期を代表する俳人小林一茶は信濃の農家の出である。彼らは公の場では「名乗ることができなかった」ので、幕府や藩などの公式文書では名字は記載されないが、私的な文書などでは名字が記されている。実際、農家でも墓石には江戸時代から名字が彫られていることが多い。最も古いものでは和歌山県で室町時代の農民の名字の資料が残されており、室町時代すでに農民が名字を使用していたことがわかっている。

明治の初め、近代国家への脱皮を目指した明治政府は、欧米にならって戸籍制度を創設、ここに全国民を登録させた。その際、「姓」を登録するか「名字」を登録するかで混乱しないよう、新たに「氏」という概念を導入して、ここに「姓」でも「名字」でも一つだけ登録させ、以後変更することを禁止したのだ。

大多数の人は、日常使う「名字」を戸籍に登録し、一部の人は「姓」を登録した。なかには、あえて「姓」でも「名字」でもないものを登録した人たちもいる。これがいわゆる〝明治新姓〟である。

しかし、基本的には「氏」として登録されたものの多くは、先祖代々伝えられ、江戸時代には公称を禁止されていた「名字」なのだ。「名字」とは明治の初めに私たちの先祖が適当につけたものではなく、自らの一族の来歴が込められている、といっても過言ではない。名字のルーツをさぐることによって、先祖がいつどこで、どういう暮らしをしていたかが見えてくることもある。

名字の種類

現在、日本には10万を超える多くの名字がある。この「名字」には、どういう種類があるだろうか。

大きく分けると、古代から続く「姓」を使用しているものと、平安時代以降に生まれた「名字」を使用しているものの二つにわけることができる。さらに「名字」には8つのパターンがあり、合わせて、9つに分類される。

ここでは、「姓」と「名字」について、その種類を簡単にみてみたい。

姓を使用しているもの

「姓」とは、その氏族の出自（ルーツ）を示すものである。古代では姓だけが使用されており、種類はあまり多くはなかった。

古代の日本は大王家（天皇家）を中心とした氏族連合政権で、氏族によって担当する職業が違っていた。そこで、天皇は各氏族に「姓」を与えて名乗らせることで、各氏族を区別した。たとえば、物部《もののべ》氏は饒速日命《にぎはやひのみこと》の子孫で河内国を本拠とし、軍事や刑罰を担当する、といった具合である。この「姓」は各氏族のリーダーだけではなく、その構成員全員が名乗っていた。したがって、姓を聞くことで、それぞれの人がどこの出身でどういうルーツの一族に属しているかがわかったのだ。

有名なのは、「源平藤橘」といわれる4つの姓。このうち、源・平・橘は天皇家の分家、藤原は中臣氏の分家であるなど、「姓」からそのルーツが特定できる。

このほかにも近畿地方の古代豪族の末裔である蘇我、物部、大伴、佐伯、中臣、菅原、大江、紀、安倍、久米、土師《はじ》、天皇家の分家である清原、小野、在原、春日、高階《たかしな》、日下部や、渡来人を先祖とする秦、大蔵、坂上、丹波、狛、地方豪族の末裔である越智、出雲、吉備などがある。

「姓」は天皇家から与えられた公的なもののため、公式の場では「姓」を使用した。また、新しい「姓」を勝手に名乗ることはできず、親から子へ代々受け継いでいく。変更する際には天皇の許可が必要で、菅原や大江は土師氏の一族が天皇の許可を得て変えたものである。

兵庫県内で姓を名乗っているものとしては、藤原や菅原が多い。

名字を使用しているもの

名字は、姓とは違って自らの意思で名乗ったものである。古代には多数あった姓も、平安時代になるとマイナーな氏族は淘汰されていった。やがて主要なものは数十種類程度になったため、同姓の人が増えてきた。

とくに公家の世界では藤原氏が圧倒的多数を占めたことから、区別のために邸宅のあった場所やお寺の名前などを家号として使用するようになった。この家号が固定化することで名字が生まれたのだ。

一方、ほぼ同時期に誕生した武士たちも、自らの支配する土地を明確にするため、地名を「名字」として名乗ることが多かった。こうして公家・武家の世界で生まれた名字は広く使われるようになり、日常生活では名字を使うことが基本となった。

この習慣は、室町時代には農民層にまで広がっていったとみられる。また、戦国時代後期から関ヶ原合戦にかけて、戦いに敗れた大名の家臣たちの多くは、武士をやめて農民となった。これを帰農という。もともと武士だったため彼らは名字を持っている。したがって、こうして新たに農民となった彼らも当然名字を持っていた。

地名に由来する名字

名字の中で一番多いのは地名を由来とするものである。

平安後期以降誕生した武士たちは、自分の支配している土地を明確にするために、支配地の地名を名字として使用した。兄弟が数多くいる場合は、惣領が父の名字を継ぎ、ほかの兄弟たちは、周辺を新たに開墾してその土地を名字として名乗った。そのため、親子兄弟で名字が違うことは珍しくはなく、この時期に各地で地名をルーツとする名字が大量に生まれた。

また、武士に限らず庶民でも、家と家を区別するためには地名を利用するのが一番簡単なため、地名をルーツとするものは名字のなかでも最も多い。

地名由来の名字はルーツを探りやすいが、同じ地名が全国に複数あることも珍しくなく注意が必要。また、名字のルーツとなった地名は、今の市町村名ではなく、もっと小さな地名、大字程度のものが多い。さらに、佐々木や渡辺のように、ルーツとなった地名が今では消滅してしまっていることもある。

兵庫県内の地名をルーツとする名字には、赤松、有馬、宇野、神吉、上月、別所、水田などがある。

地形や土地の様子に由来する名字

名字の基本は、家と家を区別することである。地名を名字とすることでとりあえず解決できるが、人口が増えてくると、同じ地名の中にある家の数が増え、地名だけでは各家の区別をすることが難しくなってくる。この場合、地名を名乗ることができるのは、その土地の支配者とその一族だけで、残りの家は別の名字を名乗る必要が生じてくる。

もはや地名は使えないため、家のある土地の様子や地形などを名字とした。こうした名字では、「田」「山」「森」「林」「川」「沢」「泉」「原」「野」「畑」といった漢字を使うことが多い。とくに山が多く、平地は可能な限り水田としたことから、「山」や「田」のついた名字が多い。

家を区別するためには木も有効だった。今と違って昔の家は平屋である。そのため、木は遠くからの目印となり、家の近くにある木で家を特定できた。名字に使われるのは、当時普通にみられた「松」や「杉」「桜」「竹」「梅」などが多い。

また、「橋」「寺」「宮」といった建造物が利用されることも多い。こうした目だつ建造物との関係で自分の家を特定することができたからだ。

なお、地名のルーツは地形であることが多く、地形由来の名字と地名由来の名字を厳密に区別することは難しい。小川の流れているところは「小川」という地名となり、そこに住んだ一族も小川と名乗った。この小川一族のルーツが地名なのか地形なのかの判断は難しい。

こうした地形由来の名字は、特定のルーツを探るのは困難なことが多い。というのも、同じ地形の土地からは同じ名字が生まれるからだ。たとえば、田中さんや山下さんのルーツは日本全国に無数にあるといってもよい。

方位に由来するもの

地形以外でよく使用されるのが、方位に由来するものである。方位由来の名字は、中心となる家や集落からみて、どちらの方角にあるかで特定するもので、「東」「西」「南」「北」だけでなく、「右左」「上下」「前後」「内奥外」「近遠」なども使われる。さらに、東南という意味の「巽」や、西北の「乾」などもある。

このうち、「右左」は名字では少ない。というのも、「右左」は見る人の位置で場所が入れ替わるからだ。また「上下」はその場所の標高差だけではない。「山上・山下」や「坂上・坂下」はあきらかに山や坂の上と下という標高の差だが、「川上・川下」は標高差よりも上流・下流という意味が強い。道の場合も、中心地に向かう方を「上」、反対側を「下」といい、これは標高とは関係していない。このほか「宮下」は神社の下という意味以外に、神社を支える氏子という意味もあわせ持っている。

こうした方位・方角を表す言葉に、「山」「川」「田」などの地形を組みあわせることで、数多くの名字が生まれた。関西はこのような方位＋地形に由来する名字が多い地域でもある。

職業に由来するもの

現在は職業選択の自由があり、親の職業を子が継ぐとは限らない。しかし、江戸時代以前は、職業は世襲によるものが多かった。そのため、職業を示すことで家を特定することができた。

古くは、公的な職業が名字となった。古代では動物を飼っていた犬飼、鳥飼、鵜飼、猪飼や、戸籍を担当していた戸部《こぶ》に由来する戸部《とべ》、財務を管理する大蔵に仕えた大蔵など、中世では荘園の管理をする「しょうじ」（庄司・庄子・東海林）や、その下で実際に年貢を徴収した公文《くもん》、下司《げし》、税所《さいしょ》などがそうだ。

近世以降、貨幣経済が発展してくると、商業関連の名字が増えてくる。「〇〇屋」というものがそうで、ここには地名を入れたもの（伊勢屋、越後屋など）と、商品を入れたもの（鍋屋、魚屋など）がある。

これらの屋号による名字は、明治時代に戸籍に登録する際、「屋」をとったり、「屋」を「谷」に変えて登録したものも多い。

下の藤のつく名字

名字の全国ランキングの上位をみると、下に「藤」という漢字のつくものがいくつかある。兵庫県でも佐藤、伊藤、加藤、後藤、近藤、斉藤とベスト100に6つ入っている。これらは、基本的に藤原氏の末裔であることが多い。

平安時代、藤原氏は朝廷の要職を独占した。そのため、朝廷では藤原姓ばかりとなり区別をするために家号を採用した。公家は邸宅のある都の地名などを使用したが、中級以下の官僚たちは使用できる地名がなく、地名とは別の名字を使用した。しかし、名家藤原氏の一族であることを示すために、領地のある場所や職業の一部と、「藤原」の「藤」を組み合わせて名字としたのだ。藤原氏は「藤《とう》」家と呼ばれたことから、「〜とう（どう）」という名字は藤原一族の末裔であることが多い。

拝領した名字

名字には、自らの意思でつけたもののほかに、主君などからもらった名字というものがある。

戦国時代の武士は合戦で手柄をたてると、褒美として新しい領地を与えられた。しかし、戦国時代後期以降になると、与えることのできる新しい領地は少なくなってくる。桃山時代以降は土地ではなく禄高を加増したが、こうした領地や石高は、子孫まで代々与え続けなければならないので、そう簡単には与えることはできなかった。そこで、そのかわりに褒美として利用されたのが名字である。

合戦での働きに感動した殿様が与えた無敵や、蓄財をほめた際に与えた善財など、いろいろなパターンがある。なかでも徳川家康は、武田信玄に敗れて敗走中にお粥を振る舞ってくれた家に小粥、夜に川を渡る際に松明で照らしてくれた村民に昼間という名字を与えるなど、いくつもの名字を作り出している。

また、褒美以外にも、主君が家臣に対して、自分と同じ名字を与えるということも多かった。これは「一族として扱う」という名誉的なもので、家臣はありがたく拝領した。将軍家は島津家や山内家、浅野家など外様の有力大名に松平の称号を与えて懐柔した。そして、山内家は家老の安東家や伊賀家に山内という名字を、浅野家は家老の堀田家や関家に浅野の名字を与えた。こうして、上は将軍家から下は一介の武士まで、かなり広い範囲で行われていた。もらった側はありがたく頂戴してそのままずっと名字を変えてしまった家もあれば、明治になると元の名字に戻した家もある。

さらに、名字を与えるのは殿様とは限らない。石川県加賀市にある一筆《いっぴつ》という名字は、先祖が近江国に米つきの出稼ぎに行って、主人から貰ったものと伝えるなど、商家でも行われていた。

僧侶の名字

江戸時代、武士以外も名字を持っていたが、すべての人に名字があったわけではない。その代表が僧侶である。僧侶は正式に名字を持たない人たちであった。彼らは出家する際に俗世間から離れるためにあえて名字を捨てたのだ。

ところが、明治政府は僧侶にも名字を持つことを義務づけた。僧侶はどちらかというと上流階級の出身者が多く、由緒ある名字を持っている人が多かった。しかし、彼らはもとの名字を登録するのではなく、あえて僧侶であることを示すように、経典や仏教用語から新しい名字を登録することが多かった。お釈迦様に由来する釈が有名だが、漢字や読み方が難解なものも多い。

県内では慈《うつみ》などがある。

その他

ここまで名字を7通りに区別してきたが、このどれにも属さないものもある。たとえば、独特のいわれを持つものなどがそうだ。名字は自らつけることができたため、中には自分だけの特別な名字を作り出した人たちもいた。珍しい名字というのは、こうした作り出したものが多い。

こうした名字では、その由来はその家だけに伝わるものであるため、どこかで伝承が途切れると、由来がわからなくなってしまう。

また、近年では外国人が帰化した際に、母国の名字をもとにした名字をつけることも多い。

これらもどこにも分類することはできない。

兵庫県の名字について

日本の名字は、大きく東西に分けることができる。

東日本は佐藤、鈴木が多く、伊藤や加藤など下に「藤」のつく名字も多い。一方、西日本では山本、田中が多く、ほかにも中村、井上、吉田など、地形や方位に由来する名字が多いのが特徴だ。

西日本の中心は大阪で、ここには西日本各地の名字が集まってきたため、大阪府の名字は西日本全体の集約のようなものになっている。そして、大阪のベッドタウンは関西一円に及び、兵庫県も阪神地区を中心にベッドタウン化しているところが多い。こうした地域では名字の特徴は乏しく、ランキングを作成すると山本、田中を筆頭に西日本に多い名字がずらっと並ぶ。

しかし、播磨地区でも西の方にいくと独特の名字も多くなってくる。新住民の少ない地域では昔ながらの特徴が今でも残っているのだ。

さらに丹波地区や但馬地区では、同じ県とは思えないほど名字の分布が違ってくる。とくに丹波地区は、京都府北部とともに旧丹波国だったことから、名字を見る限りでは京都府北部と一体化している感がある。明治以降に京都府と兵庫県に分かれたものの、都市部以外では100年程度ではそれほど大きな人の移動はないということなのだろう。

また但馬地区は近畿地方といいながら山陰でもあり、名字でも鳥取県など山陰地方と共通するものも多く見られる。

名字は人に付随するものである。人が移動すれば名字も動くが、人の移動の少ない地域では名字も移動しない。名字の分布をみると、人は旧国境や現在の都道府県境にはとらわれることなく生活圏を築き、その中で移動していることが読み取れる。

さて、平成27年、結婚した際の夫婦同姓を巡る憲法訴訟に対して、最高裁が合憲という判断をくだして大きな話題になった。世界的にみると、夫婦同姓を法律で規定している国は珍しい。欧米の多くでは同姓でも異姓でも複合姓でも可能だが、結果的に大半の人は同姓を選択するという。

夫婦同姓問題が問われた際、一部に「夫婦同姓は日本古来の慣習」と力説する人がいたが、これは明らかな誤り。源頼朝の妻が北条政子で、足利義政の妻が日野富子であることを見ても明白なように、江戸時代以前は夫婦別姓が基本だった。大石内蔵助の妻りくは、系譜などでは「石束氏」と実家の名字で記載される。夫婦同姓は明治時代に法律で定められたもので、まだ100年そこそこしかたっていない。

今後、この問題がどう解決されるかわからないが、少なくとも名字とは私たちの先祖がなんらかの事情で決めて、以後代々受け継いできたものである。

二章

兵庫県の名字の特徴

兵庫県の名字ランキング

兵庫県の名字は、田中と山本が飛び抜けて多く、3位以下を大きく引き離している。田中と山本は西日本を代表するもので、関西から中国・四国にかけては、この二つが1位・2位を占めているところが多い。関西の他府県をみても、大阪府・京都府・滋賀県は兵庫県と同じく1位田中、2位山本で、奈良県と和歌山県は逆の1位山本、2位田中。いずれにしても、関西ではこの二つの名字が圧倒的に多いことを示している。

3位の井上も西日本一帯に多い名字だが、県単位で3位というのは、福岡と並んで全国最高順位。ルーツは各地にあるが、県内には、信濃源氏の流れを汲む名家・播磨井上氏があった。

兵庫県の特徴の一つとなっているのが第5位の藤原。藤原は全国に広く分布する名字だが、兵庫県は実数では全国一多い（人口比では岡山県が最多）。とくに県中央部に多く、旧黒田庄町（西脇市）では7人に1人が藤原さんだった。富士原、藤藁、不死原など、漢字のバリエーションも多い。また、隣の大阪府では30%近くが「ふじはら」だが、兵庫県では「ふじはら」は6%ほどしかいない。

12位の藤本も瀬戸内海沿岸に多い名字で、実数では兵庫が日本一。こちらも中央部に多く、旧黒田庄町やその隣の多可町中区に多い。ほかに、30位足立、36位岸本、53位黒田などは比較的兵庫県に多い名字。足立と岸本はともに鳥取県にかけて多い名字で、実数はいずれも兵庫県が全国最多となっている。

ランキング上位の名字のなかで最も独特の名字は30位の足立だろう。この名字は神戸市をはじめ、姫路市や明石市といった県内の人口の集中地区には少ない。一方、丹波市では圧倒的な最多となっているほか、多可郡の旧加美町（多可町）でも最多、その隣の神河町にも多く、この地域だけで全県の足立さんの半数以上が住んでいる。

足立一族は武蔵国足立郡（東京都足立区・埼玉南部）を本拠とする武士で、ルーツは藤原北家とも、古代豪族である武蔵国造の末裔ともいい、はっきりしない。源頼朝が挙兵した際、足立遠元が頼朝に仕えて幕府の御家人となり、孫の遠政が丹波国氷上郡佐治郷（丹波市）を与えられて、丹波足立氏の祖となったものだ。

このほか、細見も篠山市や丹波市から府県境を越えて福知山市にかけて集中している。この周辺だけで全国の細見さんの約4分の1が在住しているが、2府県にまたがっているため、兵庫県の順位は175位。

100位以下では105位の高見と147位荻野、152位赤松、175位細見、189位畑が独特。いずれも、とくに珍しい名字というわけではないが、他県ではそれほど上位には入っていない。この中では高見は最も独特の名字といえる。現在でも加西市で最多となっているほか、旧上月町（佐用町）でも最多だった。また、丹波市の旧市島町など県内各地に広がっている。

200位台になると、兵庫県らしい名字が増えてくる。203位玉田、211位阪本、219位水田、232位春名、240位大前、245位西垣、254位小寺、255位衣笠、288位浜野などが多いのも特徴。このうち、春名は全国の約4割が兵庫県に集中しているという、兵庫県を代表する名字の一つである。

300位以下では、304位丸尾、306位上月、320位高原、326位笹倉が特徴。上月と笹倉はともに全国の半数以上が兵庫県にある。350位以下では、田路《とうじ》、大槻、塩谷《しおたに》、高谷《たかたに》、桂、稲岡などが特徴的な名字だ。

地域別の特徴

兵庫県は瀬戸内海の淡路島から日本海側にまで広がる大きな県で、江戸時代以前は、摂津・播磨・但馬・丹波・淡路と、大きく5つの国に分かれていた。県内には、姫路藩をはじめ、明石藩、赤穂藩、安志《あんじ》藩、小野藩、龍野藩、林田藩、三日月藩、三草藩、山崎藩、三田藩、柏原藩、篠山藩、出石藩、村岡藩、豊岡藩と16もの小藩が分立し、淡路は徳島藩の一部であった。そのため今でも地域によって名字の分布は違っている。

神戸・阪神地区

大部分が旧摂津国に属していた神戸・阪神地区は、大都市とそのベッドタウンのため特徴は少ない。また、この地域に県内の人口のかなりの割合が住んでいることから、県全体のランキングとほぼ一致している。

神戸市と芦屋市では山本が最多で、残りの7市町では田中が最多。地域全体を通じて、全県でも上位のこの二つの名字が飛びぬけて多い。とくに田中は神戸市と芦屋市でも2位と、この地区のすべての自治体で2位までに入っている。このほかでは、松本、井上、中村、吉田、前田と全県でも上位の名字が多い。

神戸市は県庁所在地のため、全県から人が集まってきている。そのため特徴的な名字はないが、あえていえば田中と山本だろう。県全体でもこの二つはとくに多いが、神戸市で3位の井上は2位田中の6割程度しかなく、これだけ上位二つが飛びぬけているところはほかにはない。また、旧播磨国に属していた西区や垂水区では、他区とはちょっと違った分布になっている。

芦屋市でも僅差で山本が最多。佐藤、鈴木、伊藤、渡辺など、東日本型の名字も多く、県内だけではなく全国から人が集まってきていることがうかがえる。

西宮市では山本が最多で、樋口、野田、阪本などが目立つ。

尼崎市には大阪をルーツとする渡辺も多い。また沖縄出身者が多く、比嘉、大城といった沖縄の名字の分布を調べると、沖縄以外では尼崎市に集中していることがわかる。

伊丹市では前田が山本をかわして2位に入っているのが特徴。池田、佐々木、武田などが多いのが目立つ。

宝塚市では1位の田中が飛びぬけており、2位山本の1・5倍以上。松田や和田も多い。川西市では佐藤が7位に入っている。佐藤は東日本の名字で、県内では阪神地域に多いが、川西市の7位は県内最高順位。上田や渡辺が多いのも特徴。

この地域唯一の町である猪名川町では、山本が4位に下がって、2位は森田。森田は県順位58位で新温泉町と並んで森田の多いところである。6位の福井も県内最高順位。

東播磨地区

旧播磨国は東西で違う。東播磨の東端は神戸市にまで及び、ベッドタウン化された地域も多いことから特徴は乏しいが、田中と山本はこの地域でも多い。田中は明石市と加古川市で最多で、全11市町のうち9市町でベストテン入り。山本も10市町でベストテンに入っている。

しかし、東播磨地区を代表する名字は藤原だろう。藤原は西脇市、三木市、加東市では最多、小野市と播磨町では2位となるなど、田中を上回ってこの地域では最多である。大西や藤田もこの地域に多い。

神戸市西区と接する明石市では、やはり田中と山本が多いが、4位に藤田が入っているのが特徴。このほか、橋、桜井、水田などが多く、とくに橋は全県の3割弱、水田も約2割が明石市だけに集中している。

加古川市では長谷川が4位。実数では人口が5倍ほどの神戸市とほぼ同数で、その多さがわかる。このほかでは高田や松尾、神吉も多く、渋谷《しぶたに》、稲岡、礒野、花房も加古川独特の名字。

高砂市では松本が最多。全県4位の松本だが、自治体単位で1位となっているのは高砂市だけ。6位に原、7位に石原が入るなど、周辺とは違った独特のランキングになっている。

独特の名字は砂川と野々村。このほか、北野、中谷、塩谷なども多い。

加古郡の2つの町では、稲美町で大西、播磨町で佐伯《さえき》が最多。稲美町では井沢も多い。播磨町最多の佐伯は県順位194位で、播磨町独特の名字といえる。7位の平郡は全県の半数以上が播磨町に集中している。これで「へぐり」と読み、かなりの難読名字。大和の古代豪族に平群氏があり、ここから漢字が変化したものと思われる。中作も独特。

西脇市、三木市、加東市の3市ではいずれも藤原が最多。藤原は播磨東部に極めて多く、旧黒田庄町（西脇市）では実に人口の13％強、旧東条町（加東市）でも9・7％を占めていた。小野市も藤原が多いが、最多は井上。井上は県内3位なものの、自治体単位で1位となっているのは小野市のみ。このほかでは、西脇市の笹倉、高瀬、徳岡、来住《きし》、三木市の神沢《かんざわ》、常深《つねみ》、加東市の小紫、神戸《かんべ》、阿江、時本、小野市の多鹿《たじか》、蓬莱、住本、久語《くご》などが独特。

加西市の最多は高見。高見は兵庫県を代表する名字の一つで、全県の16%が集中している加西市では圧倒的な最多である。2位の西村は但馬の名字で、県南部では加西市に集中している。このほかにも古角《こかど》、常峰《つねみね》、是常などが多く、播磨地区ではユニークな分布である。

多可郡多可町では吉田が最多で、2位が宮崎。笹倉や門脇が多いほか、徳平が独特。

西播磨地区

西播磨地区でも11市町のうち6市町では山本が最多となっているが、全体的にみると独特の名字分布になっている。全体的には三木、黒田、後藤などが多い。

播磨の中心都市姫路市では山本が最多。2位井上と3位田中はほぼ同数だが、僅差で井上が多い。また姫路市の小林は神戸市よりも多く、実数では県内最多。旧家島町では人口の4%を占める最多だった。6位には全県順位47位の三木が入る。県全体の3分の1強が姫路市に集中している。黒田も姫路市に多い。

神崎郡の3町の最多は、神河町が藤原、市川町が岡本、福崎町が松岡とバラバラ。神河町の鵜野、立岩、市川町の楠田、大北、福崎町の牛尾、難波などが特徴。

相生市、たつの市、赤穂市の3市は、山本、田中、前田が上位に並び、松本、小林も多いなどよく似ている。相生市の矢野、川崎、たつの市の内海、八木、曽谷、赤穂市の目木、万代などが独特。八木は旧新宮町（たつの市）では最多だった。

宍粟市では小林が最多。3位に春名、5位に志水が入っているのが独特。春名は兵庫県西部から岡山県東部にかけてのみ集中している名字で、宍粟郡の旧千種町（宍粟市）と佐用郡の旧南光町（佐用町）で最多だった。志水は旧安富町（姫路市）に集中している。このほかでは、田路、小椋、森蔭、庄、秋武などが特徴。

揖保郡太子町、赤穂郡上郡町、佐用郡佐用町ではいずれも山本が最多で、小林や井上が多い。太子町では玉田が2位。玉田は県順位203位で、姫路市と太子町に県全体の3分の1強が集中している。独特の名字には、太子町の改発、栗岡、丸尾、上郡町の西山、三浦、佐用町の船曳、阿曽などがある。

但馬地区

旧但馬国は南部と北部で名字がやや違う。南部は丹波と共通する名字が多く、朝来市では足立が最多。安保、椿野が多いのも特徴で、椿野は全国の過半数が朝来市だけに集中しているという独特の名字。とくに旧朝来町地区に多い。安保は埼玉県をルーツとして、現在では秋田県に多い名字で、県内では朝来市のみに集中している。夜久《やく》も独特。

養父市では藤原が最多で、4位に中尾、10位に米田が入っているのが独特。米田は県順位144位で、養父市と朝来市に集中している。そのほかでは西谷や安井も多い。上垣《うえがき》、正垣《しょうがき》、津崎、栃尾などが独特。

北部では「~垣」という名字が目立つ。但馬地区全域から鳥取県東部や京都府北部にまで広がる西垣、豊岡市から京都府福知山市にかけて集中している谷垣をはじめ、豊岡市の森垣、小田垣、井垣、新温泉町の高垣などが多い。

このほか、豊岡市では水嶋や川見が多く、香美町の旧美方町には毛戸《けど》という珍しい名字が集中している。新温泉町では田中が最多で、旧浜坂町の株本、下雅意《しもがい》などが特徴。

丹波地区

旧丹波国は京都府とまたがっており、兵庫県に属するのは現在の篠山市と丹波市。現在でも篠山市では酒井が最多で、畑や細見など京都府北部と共通する名字が多い。長沢や山内が多いのも特徴。

丹波市は平成大合併で氷上郡に属する6町が合併してできた。丹波市全体でも足立が圧倒的に多いが、合併前の旧青垣町では人口の40％近くが足立さんだったほか、旧氷上町で8％、旧柏原町でも4％を占めて、いずれも最多だった。旧市島町では荻野、旧春日町では細見と独特の名字が最多で、最南端の旧山南町だけは最多が藤原となっていた。

合併後の丹波市では、足立以下、2位荻野、3位芦田、4位細見という順になっている。

また丹波市の尾松、久下《くげ》、矢持《やもち》、十倉《とくら》、婦木《ふき》、篠山市の河南《かんなん》、波部《はべ》など独特の名字も多く、とくに婦木は全国の約6割が丹波市に集中している。

淡路地区

一般的に、離島には独特の名字が固まっていることが多い。しかし、淡路は島とはいいながら古くから人の行き来が多く、それほど独特の名字が多いというわけではない。各市のベスト3は、洲本市が山本、中野、田中、南あわじ市が山口、阿部、榎本、淡路市が森、高田、浜田とすべて違う。

このほか、南あわじ市で前川、洲本市で武田、西岡、淡路市で長野などが多いのが目立つが、いずれも珍しいものではない。

平成の大合併以前、淡路島には11の自治体があった。各自治体の最多は、洲本市＝山本、五色町＝斉藤、南淡町＝阿部、三原町＝榎本、西淡町＝原、緑町＝長尾、東浦町＝森、津名町＝高田、淡路町＝長野、北淡町＝浜田、一宮町＝石上《いしがみ》、とすべて違っていた。

このほかの独特の名字としては、南あわじ市の居内《いうち》、納《おさめ》、洲本市の鯛、炬口《たけのくち》、淡路市の戎、宗和《そうわ》、凪《なぎ》、東根などがある。このうち、炬口は洲本港近くの地名がルーツである。

兵庫県市町別名字ベストテン

	神戸・阪神									東播磨										
	神戸市	尼崎市	西宮市	芦屋市	伊丹市	宝塚市	川西市	三田市	川辺郡猪名川町	明石市	加古川市	高砂市	加古郡 稲美町	加古郡 播磨町	西脇市	三木市	小野市	加西市	加東市	多可郡多可町
1位	山本	田中	田中	山本	田中	田中	田中	田中	田中	田中	田中	松本	大西	佐伯	藤原	藤原	井上	高見	藤原	吉田
2位	田中	山本	山本	田中	前田	山本	山本	山本	森田	山本	山本	田中	藤本	藤原	村上	藤田	藤原	西村	藤本	宮崎
3位	井上	中村	中村	中村	山本	中村	中村	森本	井上	井上	大西	山本	福田	山本	藤井	田中	小林	藤原	藤井	藤本
4位	松本	坂本	松本	井上	中村	松本	井上	福井	山本	藤田	長谷川	長谷川	井上	田中	藤本	山本	田中	吉田	岸本	足立
5位	中村	井上	吉田	高橋	井上	井上	吉田	吉田	林	中村	藤原	井上	藤原	大西	笹倉	井上	藤本	後藤	田中	藤田
6位	吉田	橋本	井上	松本	松本	吉田	山田	小西	福井	松本	松本	原	田中	平郡	高瀬	藤本	横山	高橋	山本	藤原
7位	前田	吉田	山田	小林	吉田	前田	佐藤	松本	中村	橋本	前田	石原	前田	岡田	内橋	前田	岸本	松本	小林	小林
8位	山田	山下	前田	山田	佐藤	山田	上田	大西	和田	大西	吉田	小林	山本	浅原	岡本	森本	前田	前田	井上	藤井
9位	小林	前田	佐藤	岡本	山田	小林	小林	井上	藤田	藤原	高橋	山下	山口	松本	山本	横山	山本	山本	西山	笹倉
10位	山口	高橋	小林	伊藤	高橋	岡田	渡辺	前田	福田	藤井	井上	吉田	松尾	中村	小林	岡田	松尾	田中	丸山	遠藤

地域	市町										
西播磨	姫路市	山本	井上	田中	小林	松本	三木	吉田	前田	中村	橋本
西播磨	神崎郡 神河町	藤原	足立	小林	高橋	中野	井上	前田	松本	鵜野	中島
西播磨	神崎郡 市川町	岡本	高橋	多田	木村	内藤	前田	山本	柴田	楠田	後藤
西播磨	神崎郡 福崎町	松岡	牛尾	後藤	山本	松本	難波	橋本	藤本	中塚	長谷川
西播磨	相生市	山本	田中	山田	小林	松本	前田	大西	山下	吉田	宮崎
西播磨	たつの市	山本	前田	田中	三木	井上	橋本	上田	松本	内海	小林
西播磨	赤穂市	田中	前田	松本	山本	中村	橋本	小林	宮本	山下	木村
西播磨	宍粟市	小林	田中	春名	谷口	志水	山本	前田	中村	福井	橋本
西播磨	揖保郡太子町	山本	玉田	田中	森川	前田	井上	三木	長谷川	栗岡	佐々木
西播磨	赤穂郡上郡町	山本	小林	西山	松本	岡本	横山	三浦	田中	藤本	前川
西播磨	佐用郡佐用町	山本	小林	岡本	井上	春名	高見	野村	谷口	衣笠	船曳
但馬	豊岡市	田中	山本	西村	岡本	岡田	谷口	小林	井上	今井	北村
但馬	養父市	藤原	田中	西村	中尾	田中	中島	上垣	井上	森本	米田
但馬	朝来市	足立	藤原	松本	田中	藤本	中島	山本	太田	小山	石田
但馬	美方郡 香美町	中村	田中	井上	山本	小林	上田	西村	北村	吉田	山根
但馬	美方郡 新温泉町	田中	中村	西村	山本	井上	中井	尾崎	坂本	松岡	岡田
丹波	篠山市	酒井	田中	小林	畑	細見	前川	山本	岸本	石田	藤本
丹波	丹波市	足立	荻野	芦田	細見	山本	田中	藤原	高見	村上	近藤
淡路	洲本市	山本	中野	田中	山口	高田	浜田	岡本	原田	武田	西岡
淡路	南あわじ市	山口	阿部	榎本	前川	村上	前田	柏木	藤本	田中	森
淡路	淡路市	森	高田	浜田	田中	山本	岡田	上田	東根	山口	長野

読み方のわかれる名字

日本人の名字には、同じ漢字でも違う異なる読み方がある、という名字がたくさんある。これは他国ではあまり例がない。同じ綴りでも国が違うと発音も異なるというものはよくあるが、同じ国内なのに読み方がさまざまというのは珍しい。

違う読み方があるとはいっても、大多数が同じ読み方で、ごく一部に違う読み方をすることがある、というのがほとんどだ。たとえば、西川は圧倒的に「にしかわ」だが、稀に「さいかわ」と読むこともある。ほかにも、増田、土屋なども「ますだ」「つちや」がほとんどで、「ました」「ひじや」と読むのはごくわずかにすぎない。

しかし、中には複数の読み方がいずれもメジャーというものもある。全国的には、河野（こうの・かわの）、東（ひがし・あずま）、菅野（かんの・すがの）、上村（うえむら・かみむら）などが有名。いずれの読み方も多く、漢字を見ただけではどう読んでいいかはわからない。

また、青森県の古川《こがわ》、山形県の今田《こんた》、石川県の谷内《やち》、岐阜県の坂《ばん》、滋賀県の上西《じょうにし》、高知県の西原《さいばら》、大分県の江田《こうだ》のように、ある特定の地域では違う読み方をする名字というものもある。

こうした読み方の違いは、他地域の出身者にとってはわかりづらい。ここでは、兵庫県内の主な名字について、その読み方の違いを紹介したい。

まず、全国的にも読み方が半数ずつに分かれる河野と東。

河野は全国では「こうの」が53％だが、兵庫県内では73％と高く、「かわの」は27％しかいない。姫路市付近では圧倒的に「こうの」で、「かわの」は少ない。

東は近畿以東で「あずま」が多く、中国以西で「ひがし」が多いことから、県内でも71％が「あずま」。

藤原、萩原、梶原、菅原など「原」のつく名字は、「～わら」が多いが、「～はら」と読むこともある。

藤原は全国的に「ふじわら」が圧倒的に多く、山梨県や大阪府南部など「ふじはら」の多い地域もある。実数で全国一藤原の多い兵庫県では94％が「ふじわら」で、「ふじはら」は少ない。萩原の場合は、「はぎわら」と「はぎはら」がほぼ半数ずつ。全国的には4分の3が「はぎわら」なので、兵庫県は「はぎはら」率の高い県であるといえる。梶原は全国的には「かじわら」が3分の2で「かじはら」が3分の1となっており、県内でも全く同じ比率。

ところが、菅原は全国では「すがわら」が圧倒的に多いのに対し、県内では「すがはら」が過半数となっている。兵庫県に限らず、西日本では「すがはら」率が高い。

「谷」のつく名字も、西日本では「～たに」が主流で、東日本では「～や」が多い。この傾向は県内でもかわらず、県内に多い大谷、中谷、小谷、西谷、水谷、三谷、渋谷、塩谷、高谷、新谷、森谷は、いずれも圧倒的多数が「～たに」と読む。もちろん、小谷や三谷は東日本でも「～たに」と読むが、それ以外は東日本では「～や」と読むことも多い。

兵庫県独特の読み方をする名字が三枝である。全国的には「さえぐさ」が過半数で、次いで「さいぐさ」。「みえだ」は1割強しかないのだが、兵庫県は栃木県とともに「みえだ」が過半数を占めており、とくに姫路市や三木市に多い。

河本も他県とは分布が違う。全国的には4分の3が「かわもと」で、「こうもと」はかなり少ないのだが、兵庫県では約4割が「こうもと」と比較的多い。隣の岡山県で9割近くが「こうもと」で、県西部ではその影響で「こうもと」がとくに多い。

全国的には大半が「おばた」と読む小畑も、県内では4割弱が「こばた」。とくに集中しているところはなく、まんべんなく広がっている。

角と角田は読み方が多い。角は「すみ」が78％を占め、以下、「かど」「かく」の順。「つの」

はほとんどなく、これは全国と同じ傾向。ところが角田の場合は、全国的に「つのだ」が過半数で「かくだ」「すみだ」「かどた」の順なのだが、兵庫県では半数が「かくだ」。以下、「つのだ」「すみだ」「かどた」となっている。

神野も4つの読み方がある。全国的には「じんの」が過半数を占め、次いで「かみの」が4分の1ほど。以下、「かんの」「こうの」と続くが、兵庫県では「かみの」「かんの」「じんの」がほぼ同数。「こうの」だけは少ない。

尾上はどう読むだろうか。歌舞伎俳優の尾上家が有名なため「おのえ」と読む人が多いが、実際には漢字通りに「おのうえ」が多い。しかし、県内では3分の2が「おのえ」。また「おがみ」もある。

木内は、徳島県や秋田県では「きのうち」が過半数で、他県では「きうち」が多い。兵庫県でも最多は「きうち」なのだが、次は豊岡市付近にある「きない」が多く、「きのうち」は少ない。

馬場も全国的には「ばば」がほとんどで、京都府と滋賀県では「ばんば」も多い。県内でも9割近くは「ばば」だが、赤穂市を中心に8％ほどは「うまば」と読む。さらに篠山市など「ばんば」も県内に転々とあり、読み方が3つに割れている。

安達の場合も、県内では丹波市を中心に、6分の1ほどが「あんだち」「あんだつ」と読む。「あんだち」「あんだつ」は全国的には珍しく、他県では岐阜県に若干ある程度。

意外感のあるのが織田と堀田。ともに歴史上の有名人がいるため、「おだ」「ほった」と読んでしまうが、県内では「おだ」「ほった」とともにやや多いという程度で、「おりた」「ほりた」も多い。考えてみれば、織田も堀田も素直に読めば「おりた」「ほりた」のはずだ。

では、柏原はどうだろうか。素直に読めば「かしわばら」で、年配の方なら柏原芳恵のイメージもあって「かしわばら」と読む人が多いのではないか。しかし、県内では76%が「かしはら」で、「かしわばら」は少数派。「かしわら」とも読む。実は東日本では「かしわばら」、西日本では「かしはら」と読み方がわかれるもので、全国をトータルすると西日本系の「かしはら」の方が多い。

三章

名字ランキング　1～350

1位

田中

経済の基盤支えた一族の名

米どころといえば今では東北や新潟県を思い浮かべるが、かつては、米の主な産地は西日本だった。したがって、田中さんは西日本に多く、田中は山本とともに西日本を代表する名字となっている。もちろん東日本でも少ないというわけではなく、沖縄県を除くすべての都道府県で50位以内にランクインしている。

県内でも全域に広く分布し、実に11市町で最多の名字。とくに香美町に多く、合併前の旧村岡町では人口の７％以上を占める圧倒的な最多だった。このほか、新温泉町で４％、小野市でも３％を占めている。

ルーツ

米を経済の基本に据えていた日本では、米をつくる田んぼは生活の根幹であった。中世の武士たちも、自らの勢力を拡大するためには、まず荒れ地を開墾して田をつくることから始めた。田中とは「田んぼの中」という意味。見渡すかぎりの広い田のまん中に住むことは、有力な一族の証しでもあったはずだ。

また、田中は地名にも多い。県内では平安時代から播磨国神崎郡田中庄（市川町）という地名があったほか、三田市や尼崎市、たつの市など各地に田中という地名があり、これらも田中のルーツである。

なお、田中という名字は比較的新しいものというイメージが強いが、古代から存在した。蘇我氏の一族で、大和国高市郡田中（奈良県橿原市田中町）を本拠とした田中氏がいたことが知られている。『日本書紀』には、推古天皇が新羅を討とうとした際に、田中臣（名前は不明）が反対したということが記載されている。

県内では、摂津国河辺郡金楽寺村（尼崎市金楽寺町）に旧家の田中家があり、江戸時代は代々庄屋を務めていた。このほか、但馬国七美《しつみ》郡小路頃村（養父市）の庄屋や、西宮市の広田神社の社家にも田中家がある。

著名人

江戸時代中期の高砂の俳人田中布舟は、高砂町で鍵屋と号して酒造業を営んだ豪商。西国を行脚した俳人小林一茶も田中家に逗留している。

日本の線香生産の7割を占めるという淡路線香の創業者田中辰蔵は淡路市の旧一宮町の生まれ。紺辰と呼ばれた紺屋業で、幕末の嘉永年間に線香製造を始めた。

戦前の音楽教育家田中銀之助は朝来市、東大法学部長・最高裁判事を歴任した文化功労者田中二郎は高砂市の出身。

スポーツ界では、モントリオールとロスの両五輪に出場したバレーボールの名選手田中幹保が姫路市の出身。米ヤンキースで活躍する田中将大《まさひろ》は、北海道の駒大苫小牧高校卒業だが、出身地は伊丹市である。

2位

山本

道の数だけルーツあり

田中に次ぐ第2位は山本。西日本を代表する名字が、1位2位を占めている。

山本は、関西や中国・四国では1位か2位のところがほとんどで、西日本型の名字構成を「山本・田中型」といえるほど、西日本ではメジャーな名字である。

県内では、神戸市など9市町で最多となっているほか、ほとんどの自治体でベストテンに入るなど、全県にまんべんなく分布している。人口比では西播磨と但馬地区に多く、旧上月町（佐用町）が人口比3・5％で最も高かった。

ルーツ

山本は田中とともに地形姓を代表する名字でもある。「山のふもと」というのは、古来から人が好んで住んだ場所だった。今でも農村地帯に行くと、山の麓に一本の道があり、その両脇に人家が立ち並んでいることが多い。その場所こそが、山本さんのルーツなのだ。

こうした場所は数限りなくある。つまり、山本さんのルーツは無数にあるといってよい。

山本という地名もある。平安時代、川辺郡には山本庄（宝塚市・伊丹市）という地名があったことが知られている。また、朝来郡にあった山本村（朝来市）は、鎌倉時代中期に同地にあった佐中庄下司の山本弥五郎家長が住んだことから山本という地名になったという。

歴史的には、中世の但馬国七美《しつみ》郡に国人の山本氏があった。香美町の城山城主田公《たきみ》氏の一族で、忠宮村・東垣村（香美町）などを領していた。山本新五郎房家は毛利元就に属して千ヵ谷代官ならびに多他神社の神職を命じられ、子孫は以後代々多他神社の神職を務めた。

阪急宝塚線・山本駅

淡路島の洲本城下には、旧家の山本家があった。洲本の鍛冶職の棟梁で、その屋敷のあった場所は鍛冶屋町と呼ばれた（現在の洲本市本町）。同家文書が洲本市立淡路文化資料館に収蔵されている。

龍野藩には代々山鹿流の兵学を指南する山本家があった。幕末の当主山本随鷗は、京都所司代となった藩主脇坂安宅《やすおり》のもとで奉行職として活躍した。

著名人

江戸時代中期の儒学者山本復斎は神戸市東灘区魚崎の「山路菊」の蔵元の生まれ。浅見絅斎に学び、姫路藩からの招聘を断って魚崎で子弟の教育を行った。

戦後の洋画家山本敬輔は姫路市、神戸新聞歌壇の選者を務めた歌人山本武雄は神戸市鈴蘭台の生まれ。スポーツ界ではロンドン五輪のマラソン代表山本亮が神戸市の出身。

3位

井上

無数のルーツ、清和源氏の流れも

田中・山本に次ぐ第3位は井上。関西を中心に西日本に多い名字だが、県で3位というのは福岡県と並んで全国最高。

県内では東播磨地区と但馬地区に多く、小野市では最多名字となっている。また、香美町の旧美方町では、人口の9％以上という高い比率になっていた。そのほかでは、新温泉町や明石市にも多い。

ルーツ

井上の「井」は水汲み場を意味している（↓88ページ）。井戸のない場所では、川や池で水を汲んだ。こうした場所は当然周囲より低い場所にあり、その周辺の人家は「井」の上にある。そこで、井上という名字が生まれた。

水汲み場は全国各地にあったことから、井上のルーツも各地にある。それらの中で最も名家として知られるのが、信濃国高井郡井上（長野県須坂市）をルーツとする、清和源氏頼信流の一族である。

中世、県内にいた名族播磨井上氏は、この信濃井上氏の分家。康正年間（1455～1457）に正貞が播磨国福井荘を領したというのが祖という。戦国時代井上正信は英賀城に拠り、天正6年（1578）羽柴（豊臣）秀吉が播磨を攻めた際には、英賀城に籠城している。江戸時代は旗本となり、井上流砲術（外記流）を開いた。

江戸時代は、兵庫西出町（兵庫県神戸市兵庫区）に豪商の井上家があった。日向屋と号して、絞油業・廻船問屋を営み、江戸後期から明治にかけては北前船の船主でもあった。また、町年寄も務め、代々善右衛門を称した。神戸商科大学学長を務めた倫理学者の井上善右衛門は末裔。

英賀城跡に残る碑

摂津国菟原《うはら》郡岡本村（神戸市東灘区岡本）の井上家は水車業・製粉業を営み、当主は庄屋・年寄を務めて代々庄左衛門・藤左衛門を称した。

但馬国養父郡稲津村（養父市稲津）にも旧家の井上家があった。代々稲津村の庄屋を務めて名字帯刀を許されたほか、屋敷地年貢の永代免除などの特典を与えられていた。

著名人

NHKドラマ「あさが来た」の主人公広岡浅子の娘と同級生だったことから行動をともにし、のちに日本女子大学初の女性校長となった井上秀は丹波市春日町の生まれ。

「段ボール」の命名者として知られるレンゴー創業者・井上貞治郎は姫路郊外の長谷川家に生まれ、遠縁の井上家の養子となった。

バイオリニスト巌本真理の祖父で、明治のジャーナリスト巌本善治は出石の井上家に生まれ、鳥取藩士巌本家の養子となったもの。

4位

松本

松の名所「高砂」の代表

「松」や「杉」「桜」「栗」など、木の名前のつく名字は多い。これは、高い建物のない時代では、木は恰好の目印だったからだ。その中でも圧倒的に多いのが「松」のつく名字である。

これは、松が日本では最も一般的な木で、日常生活になじみの深いものだからだろう。また、正月の松飾りにも使われるなど、松には「聖なる木」という意味合いもあったと考えられる。そのため「松」のつく地名は多く、そこから「松」のつく名字も多く生まれた。

こうした「松」のつく名字の中で一番多いのが、「松の木のたもと」という意味の松本である。全国順位では第16位で、全国39都道府県でベスト100に入っている。

西日本中心の名字で、関西から北九州にかけてはベストテン入りしているところも多く、南九州を除きほぼすべての県でベスト20に入っている。とくに、鳥取県と島根県の県境付近、熊本県天草から長崎県の島原半島にかけての地域に集中している。

一方、東日本でベストテン入りしているのは栃木県のみで、全体的には20位前後のところが多い。

県内では但馬北部以外に広く分布しており、高砂市で最多の名字となっている。人口比では旧朝来町と旧山東町（ともに現在の朝来市）で人口の2％を超す高い値となっていた。

ルーツ

「松のたもと」という意味の地形由来の名字だが、「松本」という地名も多い。県内にも豊岡市や南あわじ市など何か所かに松本地名があり、これらをルーツとする地名由来のものもある。

県内では、武庫郡上大市村（西宮市）には信濃の伊那から来住したという旧家の松本家があった。

また、印南郡長尾新村（高砂市阿弥陀町長尾）は松本新右衛門が姫路藩の許可を得て開発した村で、代々松本家が庄屋を世襲した。

著名人

戦前の少女雑誌『少女世界』『少女の友』などで活躍した挿絵画家の松本かつぢ（本名勝治）は神戸市の生まれ。

現在活躍中の人物では、タレント松本人志が尼崎市の生まれ。

スポーツ界では、プロ野球巨人の一番打者として活躍した松本匡史《ただし》が尼崎市、東洋大姫路高校のエースとして甲子園で全国制覇した松本正志（のち阪急）は上郡町の生まれである。

5位

藤原

飛鳥時代から続く名門名字

藤原は源平藤橘の一つに数えられる名門の名字。一般的に姓に由来する名字は数が少ないものが多いが、藤原は全国順位58位と今でも多い。全国に広く分布しているが、兵庫県は実数では全国最多（人口比では岡山県が最多）。とくに県中央部に多く、旧黒田庄町（西脇市）では7人に1人が藤原さんだった。このほか、神河町でも2位足立の3倍と圧倒的に最多である。富士原・藤藁・不死原など、漢字のバリエーションも多い。

また、隣の大阪府では南部を中心に3割近くが「ふじはら」と読むが、兵庫県では「ふじはら」は6%ほどしかおらず、圧倒的に「ふじわら」である。県順位、全国順位はいずれも「ふじわら」だけのもので、「ふじはら」は含んでいない。なお「ふじはら」は全体の6%しかいないのだが、それでも県順位312位に入っている。

ルーツ

藤原氏の祖は、大化の改新で中大兄皇子（のちの天智天皇）とともに蘇我氏を討った中臣鎌足。鎌足がその死に際して天智天皇から藤原姓を賜ったことに始まる。子不比等は朝廷で重きをなし、その子武智麻呂《むちまろ》、房前《ふささき》、宇合《うまかい》、麻呂はそれぞれ、南家、北家、式家、京家を興して、藤原四家を築いた。当初は南家が力を得たが、奈良時代に式家の種継《たねつぐ》や薬子《くすこ》が台頭。しかし、薬子の変などで式家が没落すると、平安時代には北家が氏長者《うじのちょうじゃ》となった。

北家は、房前の邸が南家の祖武智麻呂邸の北側にあったため北家と呼ばれたもの。天安元年（857）良房が人臣初の太政大臣、翌年には摂政となり、その甥の基経は仁和3年（887）関白となった。

以降、代々北家からは摂政・関白を出すようになる。やがて一門は分家してそれぞれが独立した貴族となり、独自の家号を名乗るようになった。

藤原惺窩銅像（三木市提供）

なお、南家の子孫は中世に武士として活躍、京家だけは終始栄えることはなかった。

公家は基本的に家号を名乗ったことから、藤原氏を称し続けたのは地方に下った一族の末裔が多いとみられる。また、藤原は地名としても各地にあり、こうした藤原地名に由来する藤原氏もある。

著名人

近世日本の朱子学の祖とされる藤原惺窩《せいか》は、公家冷泉《れいぜい》家の出。所領であった播磨国三木郡細川庄（三木市）に生まれ、相国寺《しょうこくじ》に入って禅僧となった。三男のため家を継がず、公家としての家号「冷泉」ではなく、姓の「藤原」を名乗った。

現在活躍中の人物では、女優藤原紀香が西宮市の出身である。

6位

小林

分布の中心地は長野、由来は地形

全国ランキングでベストテンに入っている小林だが、県単位で最多なのは長野県だけ。同県では2位の田中の3倍近くという、圧倒的な最多となっている。また、2位となっているのも隣接する群馬県と山梨県だけで、まさに長野県を中心として分布する名字である。

全国分布をみると、中国地方以東の35都道府県ではすべてベスト50に入っている一方、四国・九州でベスト50に入っているのは徳島県の49位と福岡県の36位だけ、とかなりきっぱりとした分布になっている。

県内では淡路島以外に広く分布しており、とくに宍粟市や小野市、姫路市の家島諸島などに多い。

ルーツ

小林は、文字通り、雑木林のような小さな林から生まれた地形由来の名字で、各地にルーツがあるはずだ。長野県には小林という地名も多く、地名由来のものと相まって、これだけの数になったのだろう。

歴史的には上野国緑野《みどの》郡小林（群馬県藤岡市）をルーツとする小林一族が有名。鎌倉時代から続く古い家で、鎌倉幕府の公式歴史書である『吾妻鏡』にも、「小林党」という名前で登場している。

県内でも、西宮市や三木市など、各地に小林地名があり、これらが小林氏のルーツとなった。

篠山市沢田にあった沢田城の城主は小林氏と伝わる。丹波守護山名氏のもとで守護代を務めたとされるがよくわからない。戦国末期には、明智光秀の丹波攻略に対する抵抗の拠点になったという。

江戸時代には、篠山城下に兵庫屋と号した豪商の小林家があった。惣代年寄を務めた。

大鳥圭介（個人蔵、上郡町郷土資料館提供）

著名人

戊辰戦争の際、五稜郭で新政府と戦った後、許されて明治時代に外交官として活躍した大鳥圭介は、上郡町の医師小林家の生まれ。適塾に学んで尼崎藩士に取り立てられ、大鳥と改称した。

明治時代の作家小林天眠は加西市で油屋と号した商家の生まれ。

姫路城の修復にも関わった鬼瓦師の小林平一は地元姫路市の生まれ。蝶の研究家でもあり、トリバネアゲハの新種を発見したことでも知られる。

近年では、F1ドライバー小林可夢偉《かむい》が尼崎市、専修大学教授の傍ら小説家でもある小林恭二は西宮市の生まれである。

なお、阪急グループの創始者小林一三は山梨県の生まれである。

7位

中村

広く各地に、赤松氏家臣や義士にも

中村という名字の一番の特徴は、全国に広く分布していることだ。都道府県単位で最多となっているのは鹿児島県だけだが、全国29の都道府県でベストテン入りしている。

さらに、本土とは全く名字の構成が違っている沖縄でも38位となっているなど、ベスト50までに入っていないのは、山形県と福島県のわずかに2県のみである。

県内では但馬地区に多く、香美町で最多、新温泉町で第2位の名字となっている。そのほかでは、尼崎市や西宮市にも多い。

ルーツ

中村とは言葉通りの意味からいえば、「中央にある村」ということで方位由来の名字となる。

しかし、実際には位置的に中央にあるのではなく、その付近にあるいくつかの集落の中心地という意味合いの方が強い。そしてこの場合は「中村」という地名になっていることが多く、実際、「中村」という地名は全国に多い。県内でも、西宮市、伊丹市、朝来市、養父市など、各地に中村地名があった。

そして、ルーツの地も各地にたくさんある

ため、一般的には地名由来の名字に分類される。

県内では赤松氏の有力家臣に中村氏があった。赤松氏の一族といわれるが、その出自は諸説あってはっきりしない。

戦国時代には播磨石守城主に中村氏があった。重房は別所長治に仕えて、その滅亡後は秀吉に仕えた。また、室町時代には淡路にも中村氏があったことが知られている。

赤穂義士には中村勘助がいた。藤原姓で、馬廻兼書物役100石。奥州白河藩士三田村家の生まれで、赤穂藩士中村家の養子となったもの。

著名人

江戸時代後期、森氏時代の赤穂藩士に中村家があり、幕末の良臣は国学者と知られた。その甥で良臣の養子となった良顕は国学者の傍ら、関西歌壇の重鎮でもあった。

詩誌「輪」を主催して神戸詩壇を牽引した詩人中村隆は神戸市の生まれ。

鉢伏高原の開拓者として知られる中村健治は美方郡香美町の生まれ。県最高峰の氷ノ山（1510メートル）へのルートを開いた。

このほかでは、トヨタ・クラウンの生みの親といわれる設計責任者中村健也は西宮市、ミュンヘン五輪で金メダルを獲得した男子バレーボールの主将中村祐造が姫路市の生まれである。

中村勘助石像

8位

吉田

日々の願いを名字にこめて

吉田のルーツは各地にたくさんある。吉田の「田」は田んぼ。そして「吉」には二つの意味がある。

一つは、自分の田んぼに願いをこめたもの。江戸時代以前は、実りの多い田んぼこそ富の象徴であった。そこで、自分の田んぼが良い田になるようにと「よしだ」と呼び、これを「吉田」と書いて名字にした。

もう一つは、植物の「アシ」に因むものだ。アシは水辺にごく普通に生えるもので、その茎などを細工に利用することもあるなど、日常生活にとって身近な植物だった。しかし、「アシ」という言葉が「悪《あ》し」と同じ発音のため、関西では「アシ」を「良し＝ヨシ」と言い換えた。このヨシの茂っている田んぼが「ヨシ田」で、これにも「吉田」という漢字をあてた。

現在、吉田は近畿と東北を中心に全国に分布しており、県単位でベスト100までに登場しないのは山梨県と沖縄県のみ。

県内では県中央部に多く、多可町で最多、加西市でも第4位に入っている。ほか、播磨や阪神地区にも多いが、但馬南部には少ない。

ルーツ

吉田は、地名も各地にあり、県内では神戸

市や淡路市、福崎町などにあった。こうした地名由来の吉田も多い。

戦国時代、小野市中谷町にあった屋口城の城主が、別所重棟の奉行人の吉田伊賀守であった。

江戸時代には、摂津国菟原郡住吉呉田（神戸市東灘区）に豪商の吉田家があった。南朝に仕えた公家吉田定房の末裔と伝え、農業の傍ら酒造業を営むほか、廻船業も経営した。江戸時代中期の吉田道可は文人として知られ、その収集した古美術品の目録「聆濤閣《れいとうかく》帖」が著名。

武庫郡生津村（尼崎市）の庄屋にも吉田家があった。貞享4年（1687）からの790点に及ぶ文書を伝える。

赤穂義士のうち、大石内蔵助に次いで事実上のナンバー2の座にいたのが、郡奉行の吉田忠左衛門である。藤原姓で禄高は200石、嫡子の沢右衛門も討ち入りの一党に加わっている。

著名人

農民運動から戦後衆議院議員となった吉田賢一は明石市の生まれ。戦後、民社党の結成に参画した。

このほか、サッカーJリーグで活躍した吉田孝行は川西市出身。平成26年に現役引退後ヴィッセル神戸でコーチを務め、同28年ヘッドコーチに就任している。

吉田忠左衛門石像

9位

前田

実数全国最多。芸術家にも多し

第9位の前田は方位に由来する名字である。現在、前田は東北以外に広く分布しており、どちらかというと西日本に多い。また、鹿児島県の4位を筆頭に、沖縄も含めて全国33都道府県でベスト100に入っている。兵庫県では第9位だが、実数では大阪府よりも多く、全国最多。

県内では全域にまんべんなく分布しているが、どちらかというと西播磨に多く、たつの市と赤穂市で第2位となっている。一方、但馬南部や淡路北部ではあまりみられない。

ルーツ

前田とは、文字通り手前の方にある田、あるいはお城など大きな建造物の前に広がる田んぼ、という意味だろう。こうした田んぼの所有者が前田さんで、全国にいろいろな前田さんがいたはずだ。

この多くの前田さんの中で一番有名なのが、加賀百万石の藩主前田家である。加賀前田家は尾張国荒子（名古屋市）の出。江戸時代になって書かれた公式資料『寛政重修諸家譜』では、菅原氏の子孫で、美濃国前田（岐阜県）に住んで前田氏を名乗ったとしているが、実際は利家の父利昌より以前のことはよくわからない。

県内では、戦国時代、川辺郡恒富村（尼崎市）に前田城があり、城主が前田兵庫助であった。

著名人

県内の前田氏には芸術家が多い。

戦前の詩人前田林外は姫路市の生まれ。明治33年に与謝野鉄幹と『明星』を創刊、のち袂を分かって『白百合』を創刊した。この『明星』『白百合』で活躍した歌人前田純孝は旧浜坂町（新温泉町）諸寄の生まれ。諸寄駅近くには歌碑もある。

前田林外（姫路文学館提供）

春陽会などで活躍した版画家の前田藤四郎は明石市の生まれ。なお、明治期に神戸で活躍した洋画家の前田吉彦は岡山県の生まれである。
名人といわれた落語家、二代目桂枝雀は本名が前田達。神戸市の生まれで、神戸大学中退という珍しい経歴。

10位

山田

「普通」ゆえの「普遍」

山田という名字は、いかにも普通という感じがする。実際、銀行や役所などに置かれている書類の記入見本の姓名欄には、例として「山田太郎」という名前が書かれていることが多い。

別に「山田太郎」が日本で一番多い姓名というわけでないが、見本としては佐藤や鈴木よりしっくりくる感じがする。

その理由は、山田という名字が、実際の数はともかく、ごく一般的に見えるからだ。また、鈴木や佐藤だと、西日本の一部地域では、「珍しく」感じてしまうこともある。見本である以上、実際の数の多さではなく、全国どこの人でもが「普通」と感じることが大切なのだ。

都道府県別にみると、岐阜県の第3位が最高だが、ベスト50までに山田が登場しないのはわずか4県でしかないなど、沖縄県も含めて全国にまんべんなく分布している。県内では全域にほぼまんべんなく広がっているが、自治体単位で3位までに入っているのは相生市だけ（3位）。

ルーツ

山田のルーツは「山」と「田」のあるところ。山の麓に広がる田んぼは、かつて全国各地にあった里山の風景そのものなのである。里山から生まれた名字の代表が山田さんなのだ。

また、山田という地名も各地にあった。

摂津国八部《やたべ》郡には山田荘（神戸市北区山田町）という地名があり、ここには旧家の山田家があった。江戸時代は代々荘内の中村の庄屋を務めている。

戦国時代には氷上郡栗住野（丹波市青垣町）に土豪山田氏がいた。

多可郡多可町に豪農の山田家があった。幕末には、当主の長男が結婚する際、新妻が西脇市郷瀬町から家までの約5キロの道のりを、山田家の敷地だけを通って来ることができたという逸話もある。山田勢三郎は酒造米「山田錦」の〝母〟「山田穂」の開発者である。

山田風太郎（山田風太郎記念館提供）

著名人

タレントで大阪府知事であった横山ノックは本名が山田勇で、神戸市の生まれ。

作家山田風太郎は養父市の旧関宮町の生まれ。医大出身であることから、その医学的知識を生かした奇妙な忍者が登場する忍法物で一世を風靡した。

公認会計士で作家として活躍する山田真哉は神戸市の出身。著書『さおだけ屋はなぜ潰れないのか？』はベストセラーとなった。

11位

橋本

かつてのランドマーク、今は名に

橋本は全国41県でベスト100に入っているなど、鹿児島県と沖縄県を除いて、全国にまんべんなく分布している。

しかし、このうちでベストテンに入っているのは福島県の10位だけ。兵庫県の11位という順位は、それに次ぐものだ。

県内でも、ほぼまんべんなく分布しているが、比較的尼崎市や養父市などに多い。

ルーツ

橋本の由来は各地の橋本という地名だが、それ以外にも「橋のたもと」の意味で各地にみられる。

というのも、橋は今のようにありふれたものではなく、昔はかなり目だつ建造物だったからだ。今では橋はどこにでもあるが、江戸時代でも、大きな城下町を除いては、川に橋はあまり架かっていなかった。川は渡し舟で渡るのが普通だったのだ。

そのため、橋というだけで場所を特定することができたことから、橋のつく名字はたくさんある。その中でも一番多いのが橋本である。

中世、但馬国養父郡には国人の橋本氏がいた。阿波三好氏の一族の中島安継が永禄年間（1558～1570）末に摂津から逃れて但馬に移り、山名氏の家臣として召し抱えられて坂本城（養父市八鹿町）を築いたという。安継は橋本兵庫と改名、天正8年（1580）羽柴秀長の第二次但馬侵攻で落城、文禄年間（1592～1596）橋本六郎右衛門が坂本村に帰農したという。

尼崎市には旧家の橋本家が多い。

橋本関雪記念館

摂津国武庫郡道意新田村（尼崎市道意町）の旧家の橋本家は、江戸時代は代々道意新田村の庄屋・年寄を務めた。2426点に及ぶ同家文書は尼崎市立地域研究史料館に保管されている。

川辺郡上坂部村（尼崎市上坂部）の旧家の橋本家も、江戸時代は庄屋・年寄を務めた。同郡椎堂村（尼崎市椎堂）の橋本家は材木屋と号して材木商を営んでいた。平成5年、同家文書614点が尼崎市立地域研究資料館に寄贈された。

著名人

戦前を代表する日本画家橋本関雪は神戸市の生まれ。父は明石藩の儒者海関で、維新後は神戸に転じて神戸師範の教師をする傍ら、自宅で漢学塾を開いていた。

但馬の器械製糸の先駆者として知られる橋本竜一は豊岡市の旧但東町の大庄屋の生まれ。東京・築地の小野組製糸場で新しい技術を習得したあと帰郷、地元で製糸工場を開設した。

12位

藤本

西日本の花が西日本の名へ

各地にあるが、西日本では16府県でベスト100に入っている一方、東日本でベスト100に入っている県はなく、西日本の名字といえる。中でも山口県では第10位と全国で唯一ベストテンにも入っている。このほか、徳島県・広島県・熊本県に多い。

徳島県では美馬郡の旧貞光町（つるぎ町）で町内の最多名字だったほか、旧脇町（美馬市）にも集中しており、美馬郡から三好郡にかけての吉野川流域に多く分布している。

兵庫県の12位は、山口県に次いで全国で2番目に高い順位。

県内では東播磨の北部を中心に、東播磨南部から神戸市西区にかけて集中している。旧中町（多可町）と旧社町（加東市）では最多の名字であった。このほか、旧黒田庄町（西脇市）にも多い。

ルーツ

下に「藤」がつく名字は藤原氏の一族の末裔であることが多いが、藤本のように上に「藤」がつく場合は、藤原氏とは別の流れのことが多い。

藤本など、上について「ふじ」と読む名字は、植物のフジに由来する。今では、「フジ」というと公園などで藤棚から垂れ下がってい

全国順位77位

る観賞用の植物を思い浮かべる。しかし、これはノダフジという改良された品種で、名字に由来となっている「フジ」は、野山に自生するつる植物のフジである。また、フジに限らずカズラなどのつるも、広く「ふじ」といった。

　フジは西日本の山間部ではごく普通に自生しているため、西日本では藤本のほかにも、藤井や藤木、藤村など「藤」のつく名字が多い。

ヤマフジ

　県内では、但馬国生野銀山町（朝来市生野町）に掛屋の藤本家があった。掛屋とは幕府や藩の公金の出納に当たった家のこと。天領である生野銀山には陣屋がおかれ、藤本家が年貢や運上金銀の出納をした。十一代目の市兵衛が残した日記は、幕末維新期の貴重な資料として知られる。

著名人

　自然農法家で知られる藤本敏夫は西宮市の生まれ。無公害農業を掲げて鴨川自然生態農場を運営、歌手加藤登紀子の夫としても知られた。

　近年では、プロ野球の阪神・ヤクルトで活躍し、阪神の二軍コーチを務める藤本敦士が明石市の出身である。

13位

岡本

古代からみられる由緒ある名

岡本は地名由来が多く、古くから各地にみられる。古代豪族にも岡本氏があり、しかも、河内国岡本（大阪府交野市）発祥の岡本氏と、大和国岡本（奈良県明日香村）発祥の岡本氏の二つの系統の氏族があった。

その後も、上野国岡本（群馬県）、安房国岡本（千葉県）、伊勢国岡本（三重県）、和泉国岡本（大阪府）、近江国岡本（滋賀県）、肥後国岡本（熊本県）など各地の岡本地名から岡本氏が誕生している。

現在は西日本の名字で、関西・中国・四国に集中している。奈良県と和歌山県で第8位の名字となっており、関西、中国、四国の11府県でベスト30以内。一方、東日本では少なく、関東以北では、ベスト100に入っている県はあまりない。

県内ではほぼまんべんなく分布しているが、比較的西播磨に多く、市川町では最多の名字。また佐用町にも集中しており、合併前の旧佐用町では最多名字だった（現在は3位）。

ルーツ

県内にも神戸市や丹波市などに岡本地名も多く、それらから岡本という名字が生まれた。

中世、篠山の西谷には岡本丹後守信光が築いたという山城があった。

江戸時代は、摂津国武庫郡上瓦林村（西宮市）の豪農に岡本家があった。江戸中期以降、尼崎藩の瓦林組20余村をまとめる大庄屋であった。同家文書は西宮市の文化財に指定されているほか、近世において他に例をみない自営的豪農として知られる。

兵庫津（神戸市）の旧家にも岡本家があった。岡本屋と号して兵庫磯之町で廻船問屋を営み、主に糠を取引した。得意先客名簿である「客船当座帳」等148点の文書が神戸市文書館に収蔵されている。

淡路国津名郡鳥飼上村（洲本市五色町）を開発した岡本家は、もとは備後浪人であったという。代々同村の庄屋を務め、幕末には名字帯刀を許されている。

著名人

明治時代の医師で歌人の岡本倶伎羅《くきら》は姫路市出身。子規の流れを汲む「馬酔木《あしび》」に参加した。倶伎羅はホトトギスのこと。

『金の星』や『コドモノクニ』に挿絵を描いた北海道出身の童画家岡本帰一は洲本市の生まれ。生まれて間もなく、父の仕事の関係で北海道に移り住んだ。

このほか、尼崎市の郷土史研究家に岡本静心《じょうしん》がいる。

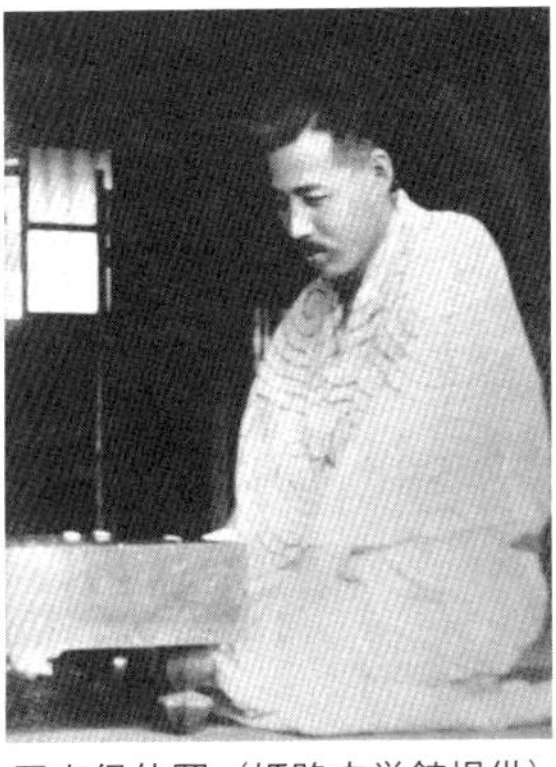

岡本倶伎羅（姫路文学館提供）

14位

山口

山口県出身とはかぎらない

都道府県名と同じ名字は、北海道・京都・愛媛・沖縄を除く43種類が実在している。

名字のルーツとして一番多いのは地名である。ということは、最も大きな地名である都道府県名は、すべて名字になっていそうなものだが、実はこの4つだけは名字にはない。その理由は、いずれも明治以降に生まれた地名だからだ。

明治の初めに日本でも戸籍制度が誕生し、以後、明治政府は名字を変更することを原則として禁止した。このため、日本人の名字はこの時点で固定され、これ以降に生まれた地名は、もはや名字にはなりようがないのだ。

なお、京都については「きょうと」と読む名字はないが、福岡県に「京都」と書いて「みやこ」と読む地名があるため、同県には「京都《みやこ》」さんが実在する。

現在、山口は全国にまんべんなく分布している。佐賀県と長崎県では最多となっているのをはじめ、西日本を中心に全国6県でベストテン入り。東日本でもベスト30に入っている県も多く、沖縄県と高知県を除く45都道府県でベスト100に入っている。14位の兵庫県は全国ランキングと同じで、平均的な順位といえる。

全国順位14位

西宮市山口町船坂（根岸真理提供）

ルーツ

さて、都道府県名と同じ43種類の名字のうち、最も数が多いのが山口である。

しかし、山口という名字と山口県は、実はそれほど深い関係はない。もちろん、常陸牛《うし》久《く》藩主の山口家のように、山口県山口市をルーツとする山口氏もあるが、それは少数派にすぎない。

というのも、「山口」とは山への入り口を指す一般的な言葉のため、各地に山口という地名があるからだ。そのため、山口さんのルーツは全国各地にあるといっていい。

実際、古代豪族の山口氏のルーツとなった奈良県桜井市の地名をはじめ、各地に山口さん発祥の地がある。県内にも西宮市など各地に山口という地名がある。

著名人

農民運動家山口勘一は南あわじ市賀集、歌人山口茂吉は多可町加美区の生まれ。

近年では、俳優山口崇が南あわじ市、シドニー五輪に出場した女子マラソンの山口衛里は加東市、豪速球で知られた往年のプロ野球選手山口高志は神戸市の出身。

15位

高橋

最古の〝お家自慢〟残した一族

第15位は全国第3位の高橋。高橋は日本で最も多い地名由来の名字である。

地名由来の名字は、種類こそ多いものの、人口でみるとそれほど多くないものが多い。というのも、特定の地名から誕生した名字では、その広がりに限りがあるからだ。地名由来の名字でランキングの上位に入ってくるものは、同じ地名が各地にあった場合のものが多い。

現在では高橋は全国に広く分布しているが、どちらかというと、やや東日本の方に多い。

都道府県単位で最多となっているのは群馬県と愛媛県だが、人口比では、岩手・秋田・宮城の3県で4%を超しており、群馬・愛媛両県よりも高い。中でも、秋田県湯沢市の旧皆瀬村には高橋が多く、羽場集落では住民全員が高橋さんであることで知られ、テレビで取り上げられたこともある。

ルーツ

高橋のルーツとなったは地名は、文字通り「高い橋」に由来している。

橋など珍しくもなんともないだろう、というのは現代人の感覚。江戸時代ですら、江戸や大坂といった都市部を除いては、川は渡し舟で渡るのが普通であった（↓70ページ）。

平野部の橋は川面に近いところに架けられるが、深い谷に架ける橋は、つり橋のように、川面からはかなり高いところに架けられることになり、これらは「高橋」となる。このほか、大きな橋も「高橋」といわれることがあった。

こうして高橋という地名が生まれ、そこに住んだ一族から高橋という名字が誕生した。

万葉集に詠まれた「布留の高橋」（奈良県天理市）森岡直浩 撮影

高橋氏の歴史は古い。最も古い高橋氏は、古代豪族の高橋氏で第八代孝元天皇の皇子大彦命の子孫と伝える。大和国高橋（奈良県天理市）の地名にちなんで高橋と名乗ったもので、代々天皇家や朝廷の食膳を担当していた。奈良時代末に書かれた「高橋氏文《うじぶみ》」は、日本最古のお家自慢の書でもある。

中世、播磨国神東郡屋形村（市川町）に高橋氏がおり、屋形飯盛山城主高橋備後守や、赤松則房被官の高橋四郎太夫などの名がみえる。

著名人

南北朝時代、多田荘周辺に住んだ多田院（川西市）御家人に高橋茂宗がいた。足利尊氏が建武政権に離反した直後から尊氏に従い、以後各地を転戦した。

幕末には出石藩の尊攘派志士に高橋甲太郎がいる。生野事変に参加、敗れると沢宣嘉とともに長州に落ち、奇兵隊に参加した。第二次長州戦争で戦死している。

16位

大西

ルーツは四国、海を越え兵庫へ

大西の全国順位は97位で、県内上位の名字の中では唯一全国順位と大きく離れている。つまり、全国的にみても兵庫県に多い名字といえるのだが、兵庫県を中心に分布しているというわけでもない。というのも、四国の香川県ではなんと大西が県で一番多い名字なのだ。

このほか、徳島県で8位、愛媛県でも上位に入るなど、四国を中心に西日本に広がっている名字である。関西では6府県すべて100位以内で、兵庫県の16位という順位は四国以外では最高順位。

ルーツ

分布をみてもわかるように、大西のルーツは当然四国にあり、その場所は四国のほぼ中央にあたる、阿波国三好郡大西（徳島県三好市池田町）。

鎌倉時代に公家の西園寺家から派遣された荘官の末裔といい、白地城（三好市池田町）に拠っていた。戦国時代には三好郡内各地に支城を築いて一族を配置し、土佐北部から讃岐国豊田郡、伊予国東部にまで勢力を伸ばした。天正4年（1576）、大西覚養は長宗我部元親に降伏、翌年叛旗を翻したものの敗れて讃岐に逃れ滅亡した。江戸時代、三好郡東山村（東みよし町）で代々庄屋を務めた大西家は白地城主大西出雲守の末裔と伝えている。

なお、大西という地名はほかにもあり、土佐国香美郡大西村（高知県香美市物部町大西）をルーツとする大西氏もある。

関西では、京都の伏見稲荷大社の神官に古代豪族秦氏の一族という大西家がある。京では江戸時代の釜師にも大西家があった。山城国の出で、もとは広瀬氏を称していた。初代浄林が京都・三条で茶の湯釜を製作し、六代浄元のとき千家十職の一つとなった。

料亭みとろ苑

県内では、播磨国印南郡見土呂村（加古川市）の豪農・豪商に大西家があった。綿花栽培で豪農となり、以後は木綿問屋を営む傍ら、干鰯《ほしか》や呉服も取り扱い、酒造業も行った。文政2年（1819）には一族合わせて石高99石余を集積、村高の40％を所有する大地主であった。大正7年（1918）に建てられた同家別宅は「名庭園料亭みとろ苑」（加古川市上荘町）として公開されている。

著名人

神風特攻隊の創始者である海軍中将大西滝治郎は丹波市の生まれ。

近年では、シドニー五輪の競泳女子400メートルメドレーリレーで銅メダルを獲得した大西順子が高砂市の出身である。

17位

岡田

分布は西寄り、県内に旧家も多々

岡田という地名は全国各地にたくさんある。そして、そこをルーツとする地名由来の名字としての岡田が各地にある。

また、「岡」とは周辺よりやや高い場所を意味する言葉で、そうした場所にある水田を指して「岡田」といった。岡田はこうした場所から生まれた地形由来の名字でもある。

現在は沖縄県以外に広く分布するが、東北北部や鹿児島県にはやや少ない。

一方、関西・中国・四国には非常に多く、広島県ではベストテンにも入っているほか、ほとんどの府県でベスト30に入る。

県内では広く分布しているが、西播磨の宍粟市や、但馬の新温泉町、姫路市の家島諸島など、ところどころに集中している場所がある。とくに宍粟市の旧波賀町では最多の名字となっていた。

ルーツ

県内では、播磨国赤穂郡の旧家に岡田家がある。祖弥兵衛は鳥取藩の武士だったが、寛永3年（1626）に赤穂に転じて製塩業を始めた。赤穂の入浜塩田の基礎を築いた人物として知られる。以後代々明治30年代まで製塩業を続けた。

また、松井松平家が藩主だった時代の篠山

藩家老にも岡田家があり、篠山市倉谷の岡田山の名は同家にちなむという。

淡路国三原郡福良浦（南あわじ市福良）には庄屋の岡田家があった。

著名人

江戸時代中期の歌人、岡田光僩は佐用郡佐用の大庄屋の生まれで、実家は美作道佐用宿の本陣も兼ねていた。上洛して伊藤東涯に儒学、公家烏丸光栄に和歌を学び、歌人として活躍した。

伊丹の酒造家、旧岡田家住宅

伊丹市出身の俳文学者岡田利兵衛は鹿島屋と号した酒造家の二十二代目。家業の傍ら伊丹市長・聖心女子大学教授・逸翁美術館館長などを歴任した。その二男岡田節人は発生生物学の第一人者として有名。

「鮎の画家」として知られた日本画家の山本紅雲（本名岡田利三郎）は伊丹市の生まれ。その息子岡田慶夫は滋賀医科大学学長を務めた。

但馬方言研究の第一人者岡田荘之輔は新温泉町の生まれである。

18位

藤田

「藤」はつくが、地名由来

佐藤や伊藤など、下に「藤」がつき、「～と（どう）」と読む名字は、藤原氏の末裔であることが多いが、藤田のように、頭に「藤」がつく名字はそうとは限らない。

「藤」が上につく名字の場合、「藤」は植物の「フジ」に由来することが多い（↓72ページ）が、藤田の場合は、ルーツは地名であることが多い。

また「ふじた」を旧仮名づかいで書くと「フヂタ」。一般的に濁点は書かないことから、水田地帯の縁に位置した「縁田＝ふちだ」から転じたものもあるという。

都道府県別で分布をみると、沖縄県を除いてほぼ全国にまんべんなく分布しており、瀬戸内海沿岸や東北北部にとくに多い。

県単位でベストテンに入っているところは1県もなく、山口県の14位が最高順位。これに、青森県・兵庫県・香川県・愛媛県を合わせた5県でベスト20に入っている。18位の兵庫県は全国的にみても、藤田さんのかなり多い県である。

一方、ベスト100までに藤田がみられない県は、沖縄県・山形県など数県にしかすぎない。

ルーツ

藤田のルーツとなった地名は各地にあるが、歴史的には武蔵国藤田郷（埼玉県寄居町）をルーツとする藤田氏が一番有名。

武蔵七党の一つである猪俣党の出で、源平合戦の際、藤田行康は源氏に従って、一の谷合戦で討死している。その孫の能兼は承久の乱で活躍、室町時代には関東管領の上杉氏に属して花園城を守るなど、代々武蔵国を本拠にして活躍した。

承久の乱後、淡路国津名郡塩田荘（津名町）には関東御家人の藤田兵衛尉が地頭となって赴任した。

戦国時代には美嚢郡に藤田氏があった。吉川上荘の新補地頭小野氏の一族といい、藤田河内守広興が毘沙門城（三木市吉川町）を築城して拠っていたが、別所氏に与していたため、三木城落城後自害したという。

現在、藤田さんは東播磨に多い。旧吉川町（三木市）と旧八千代町（多可町）では最多の名字となっていたほか、旧加美町（多可町）でも第3位。現行の自治体で最多となっているところはないが、三木市で2位、明石市で4位となっているほか、神戸市西区でも5位に入る。

著名人

江戸時代後期の医師で漢詩人に藤田百城がいる。岡山の吉備津宮の神官の出で、兵庫（神戸市）で開業したと伝える。

19位

山下

東日本では珍しい典型的西日本タイプ

山下は典型的な西日本の名字である。全国順位は26位といいながら、九州では鹿児島県の第2位を筆頭に4県でベストテン入り。四国でも香川県では3位となっているなど、近畿以西や北陸の富山県以西では大半の府県で30位以内に入っている。

一方、東日本では半数の県で100位以下で、北関東や東北南部ではベスト200にも入らない。

近畿地方では、58位の滋賀県を除いて15～40位の間に入っており、19位の兵庫県は近畿地方としては多いほうに入る。

県内ではほぼまんべんなく分布している。とくに集中している地域はないが、8位となっている尼崎市には比較的多い。

このほか、高砂市と相生市でも8位。また、合併前の自治体では、旧出石町（豊岡市）で第6位の名字となっていた。

ルーツ

山下とは、山のたもとを意味する地形由来の名字。いわば、山本と同じような場所を指している。

今でも農村に行くと、山のたもとの部分に道があり、その両脇に家が並んでいることが多い。こういう場所から誕生した名字と考えられる。
また、川西市や明石市、養父市などには地名もあり、地名由来の山下もある。

著名人

日本画家山下摩起は神戸・有馬の旅館「下大坊」の生まれ。独自の画風を追求し、大阪の四天王寺五重塔の壁画制作で知られるほか、東本願寺難波別院南御堂後門壁画「音声菩薩」も描いた。

明石市山下町

戦前の野球界でプロ・アマ通じて活躍、「和製ベーブ」としておそれられた山下実は神戸市の出身。第一神港商（市立神港高校）では甲子園球場の第1号ホームランを打ち、慶大では水原茂とともに黄金時代を築いた。

「大岡越前」「時間ですよ」「ルパン三世」など、テレビの主題歌やCMを中心に7000曲を作曲した山下毅雄が神戸市の出身。また、日本画家山下彰一は伊丹市の出身である。

20位

藤井

分布に偏り、全国でも県内でも

20位も「藤」が上につく藤井。藤本、藤田に次いで、3つめの「藤〜」名字である。藤井も、藤原一族ではなく、地名や植物のフジに由来するものが多い（↓72ページ）。

現在、藤井という名字の分布はかなり偏っている。広島県で第3位、山口県で第4位、岡山県でも第6位の名字となっているなど、山陽地方に激しく集中している一方、東日本では少なく、藤井がベスト50に入っているのは秋田県の49位だけである。

県内でも日本海側には少なく、摂津と播磨に多い。とくに東播磨の北部に集中しており、西脇市と加東市では第3位の名字となっている。とくに加東市の旧滝野町地区に多い。

ルーツ

藤井の「藤」が植物のフジだとすると、「井」とは、いったいどういう場所かわかるだろうか。

「井」と聞くと、「井戸」を思い浮かべる人が多い。確かに井戸も「井」には違いないが、一般的に「井」とはもっと広い概念を指していた。古くは、水を汲む場所を一般的に「井」と呼んでいたと考えられている。

江戸時代以前は、現在のような水道はない。江戸では各町内に井戸が掘られ、そこから生活用水を汲んでいたが、地方では水は川や池から汲むのが普通だった。

水を汲む場所は村によって決まっており、そこを「井」といった。

こうした場所は各地にあるため、「井」の上にいろいろな言葉をつけて区別した。藤井は、フジで特徴づけられる水汲み場に由来している。

著名人

近松門左衛門や上田秋成の研究で知られる国文学者藤井紫影（本名乙男）は洲本市の生まれ。俳人でもあり、正岡子規と深い親交があった。藤井家は徳島藩家老の淡路城代稲田家の剣術指南役だった。

昭和40年に『虹』で直木賞を受賞した藤井重夫は豊岡市の生まれ。ほかに『佳人』『家紋の果』『風紋』などがある。

釣り具製造販売のトップメーカーの一つ、がまかつの創業者藤井繁克は西脇市蒲江の生まれ。蒲江の「がま」と自らの名前繁克の「かつ」をとって、蒲克釣本舗を創業、のちに「がまかつ」と改称した。現在同社の本社はシンガポールだが、日本の拠点は創業者の出身地である西脇市におかれている。

21位 村上

歴史に名を残す著名な一族

村上は地名由来の名字で各地にルーツがあるが、信濃国村上郷（長野県埴科郡坂城町）をルーツとする村上氏が著名で、この末裔というものが多い。

この村上氏は清和源氏で、11世紀末に源仲宗の四男盛清が村上郷に流され、子為国のときに村上氏を名乗ったのが祖。源平合戦では源義経に従い、鎌倉時代は幕府の御家人となるなど、信濃北部の有力一族であった。

戦国時代に瀬戸内海を支配した水軍村上氏も一族と伝える。本拠地の因島のほかに、来《くる》島《しま》、能《の》島《しま》の3家に分かれて、瀬戸内海を実質的に支配した。戦国時代には毛利氏に従って、江戸時代は長州藩士となったが、来島の村上氏だけは独立、江戸時代は名字を久留島に変えて大名となっている。

現在でも村上は瀬戸内海沿岸に集中しており、愛媛県では第2位の名字であるほか、広島県東部の備後地方の瀬戸内海側では圧倒的に多い。

県内では、西脇市と丹波市、養父市に集中しており、とくに旧黒田庄町（西脇市）では2番目に多い名字だった。

江戸時代、摂津国八部郡花熊村（神戸市中央区花隈町）には旧家の村上家があった。江戸時代は代々花熊村の庄屋を務めていた。

全国順位43位

22位 西村

近畿に多い方位由来の名

西村という名字は、中心となる集落から見て西の方にある村という意味の方位由来の名字。そのためルーツの地は全国各地にある。

こうした「方位」＋「村」の名字にはほかに東村・南村・北村とあるが、この中では西村が圧倒的に多く、次いで北村、東村、南村の順となっている。

最も多いのが滋賀県で第4位、隣の京都府でも第6位に入っているなど近畿地方に非常に多く、西日本ではほとんどの府県でベスト100に入っている。

一方、東日本ではそれほど多くなく、ベスト100に入っているのは北海道、青森県、東京都、長野県、岐阜県の6都道県のみ。一番順位の高い北海道でも56位にすぎず、あきらかに西日本の名字といえる。

県内では、但馬地区に集中しており、豊岡市と養父市ではともに第3位の名字。合併前の旧八鹿町（養父市）では最多となっていた。

そのほかでは尼崎市にも多く、摂津国武庫郡道意新田（尼崎市道意町）の旧家に西村家があり、江戸時代は庄屋・年寄を務めた。また、尼崎城下（尼崎市）には、網屋と号して古手古道具商を営んだ西村家があり、明治維新後は質屋となっている。

23位

林

木々あるところにルーツあり

林は全国順位19位で、日本一多い一文字名字。地形由来の名字で、文字通り木の茂っている所がルーツ。かつては全国いたるところに林があったため、林という名字も各地から生まれた。現在でも沖縄以外に広く分布している。

また、古代から拝志、拝師という地名が各地にみられる。これらは「はやし」と読まれ、こうした地名にちなむ林氏も多い。

10世紀前半に源　順《みなもとのしたごう》の編纂した『倭名類聚抄』には、越中国礪波郡（富山県）の中に拝師郷という地名を挙げている。この正確な場所はわかっていないが、林神社のある礪波市付近とされ、古くからここをルーツとする林氏があったと推定される。

林のルーツは各地にあるが、加賀国石川郡拝志郷（石川県野々市市）をルーツとする林氏が最も著名。藤原北家利仁流の斎藤氏の一族が拝志郷に住んで名乗ったもので、在庁官人（地方官僚）として「介」の職を世襲した。

県内でもまんべんなく広がっているが、とくに宍粟市の旧千種町に多い。

淡路島の三原郡湊浦（南あわじ市）の庄屋に林家があった。同家に生まれた滄浪は庄屋職を父から息子に継がせて自らは継がず、生涯学問を続けて漢学者として知られた。

24位

清水

ルーツも分布も山間部に

清水という名字は、山梨・長野・群馬の3県にとくに多く、次いで北陸や関東にも多い。一方、東北や九州ではあまり多くない。分布をみると、この3県を中心にして全国に広がっているようにもみえる。

もう少し細かくみると、長野県では県東部に多く、群馬県では旧榛名町（高崎市）で最多となっているなど、県の南西部に集中している。つまり、長野・山梨・群馬3県の県境付近一帯が、清水さんの一大集中地域であることがわかる。

地形由来である清水さんのルーツは一つではなく全国にたくさんあるが、この地域が最も大きな清水のルーツだろう。

清水のルーツは、当然清水の湧く場所である。清水の湧く場所は当然全国各地にあるが、やはり山間部に多いことは間違いない。

清水氏は各地にあったが、一番有名なのは備中高松城（岡山県）の城主だった清水氏だろう。この清水氏のルーツは、同国清水村（総社市）で、やはり内陸部にある。秀吉の水攻めで宗治が切腹したのち、子孫は長州藩士となり、のちには家老を務めた人物も出ている。

県内では、朝来市の旧朝来町地区と、丹波市の旧山南町地区に集中しているほか、宍粟市にも多いなど、やはり山間部に多い。

25位

上田

県地図の上部に集中する分布

上田とは、本来「上方の田」という意味の方位由来の名字である。

この場合の「上」とは、標高が高い、という意味だけでなく、方角を示すことも多い。つまり、川の場合は上流の方、道の場合は都やお城など中心地に近い方を「上」といった。いずれの場合も地名になっていることも多く、地名由来とも地形由来ともいうことができる。

現在、上田は東北と沖縄以外に広く分布しているが、とくに近畿地方を中心に西日本に多い。奈良県ではベストテンにも入っているほか、京都府、大阪府、熊本県などではベスト20に入っている。一方、東日本でベスト100に入っているのは山梨県と北海道のみである。

地名に由来するものとしては、信濃国上田（長野県）発祥の上田氏が著名。この上田氏は清和源氏で、小笠原氏の一族が上田に住んで「上田」を名乗ったもの。

県内では北部に多く、とくに香美町と丹波市の旧柏原町に集中している。そのほかでは、姫路市の家島や、たつの市などにも多い。

なお、戦後の書家上田桑鳩《そうきゅう》は三木市、歌人上田三四二《みよじ》は小野市の生まれである。

26位 木村

全国順位18位

県内にまんべんなく、義士にも登場

木村という名字のルーツには地名もあるが、多くの木村さんは地形由来ではないかと思われる。

現在、都道府県単位でみると、青森県、茨城県、滋賀県、京都府の4府県でベストテン入り、13府県で上位20位までに入っているなど、ほぼ全国にまんべんなく分布しているが、福岡県と熊本県を除いて、九州にはあまり多くない。最も多いのは青森県で、とくに津軽地方に集中している。

歴史的に有名な氏族は少ないが、その中で、一番有名なのが下野国（栃木県）の木村氏である。下野の木村氏は都賀郡木村（栃木県栃木市）がルーツ。藤原北家の藤原秀郷の末裔で、足利有綱（室町将軍家とは別系統）の五男信綱が木村氏を称したのが祖。信綱は鎌倉幕府の歴史書『吾妻鏡』にも登場している。

県内では、赤穂義士に絵図奉行の木村岡右衛門がいた。源姓で、代々浅野家に仕える家臣だった。

現在は全県にまんべんなく広がっており、とくに市川町と、朝来市の旧山東町に集中している。また、姫路市にも多い。

なお、赤穂市を実質的な本社とするアース製薬の創業者、木村秀蔵は大阪の生まれである。

27位

森

代表格は赤穂藩主

27位の森は地形由来の名字で、各地にルーツがある。全国38都道府県でベスト100に入っているなど、全国に広く分布している。都道府県単位でみると、徳島県の4位が最高で、香川県・長崎県・三重県を合わせた4県でベストテン入りするなど、どちらかといえば西日本に多い名字。

この中で最も有名な森家は、元禄赤穂事件の後を受けて赤穂藩主となった森家だろう。織田信長の近習で本能寺の変で討死した森蘭丸の一族。ルーツは相模国愛甲郡森（神奈川県厚木市）で、ここは長州藩主の毛利家のルーツと同じ場所。この付近はかつて「もり」と呼ばれ、「森」とも「毛利」とも書いた。やがて「毛利」に統一され、読み方も「もうり」となったものだ。

森蘭丸の弟の忠政は徳川家康に仕え、慶長8年（1603）美作津山藩18万6500石に入封。元禄年間に一旦跡継ぎがなく断絶したが、備中江原2万石で再興、のち播磨赤穂に転じた。分家に播磨三日月藩主の森家がある。

県内ではまんべんなく広がっているが、とくに姫路市の家島諸島と淡路島北部には集中している。淡路島の旧東浦町（淡路市）では最多の名字となっていた。

28位

佐藤

歌人西行も藤原氏の末裔

全国最多の佐藤だが、東北を中心に東日本に多い名字のため、県内ではそれほど多くなく28位。

かつて、日本一多い名字は鈴木で、佐藤は僅差で第2位とされていたが、現在では佐藤が鈴木をかなり引き離して1位であることがわかっている。

佐藤は、ほかの、下に「藤」のつく名字と同様に藤原氏の末裔。平安時代に左衛門尉という役職についた藤原公清《きみきよ》が、役職名にちなんで「佐藤」を名字としたのが祖。このほか、栃木県佐野に由来する佐藤や、佐渡に由来する佐藤など、地名にちなむ佐藤もある。

本家は朝廷に仕えていたが、嫡流の義清が23歳で出家して歌人西行となったことから、以後武家としては没落した。

むしろ、陸奥国信夫荘《しのぶ》（福島県）に土着した信夫佐藤氏が栄え、源義経に従った継信・忠信兄弟が有名。

播磨国明石郡奥畑村(神戸市垂水区名谷町)の旧家佐藤家は、この佐藤継信の末裔と伝える。江戸時代は代々奥畑村の庄屋を務めた。

県内では、但馬地区に集中している。とくに旧和田山町と旧養父町に集中している。また、南部では西宮市や尼崎市に多い。

29位

伊藤

伊勢へ移った藤原氏の一族

29位の伊藤は、佐藤と同じく藤原一族の末裔である。伊藤の伊は「伊勢国」に由来している。

平安時代、藤原秀郷の子孫である尾藤基景が伊勢守となって伊勢に住み、伊勢の「伊」と、藤原の「藤」を組み合わせて名乗ったのが祖。

そのため、現在でも、伊藤さんは旧伊勢国である三重県北部に非常に多く、ここから、愛知や岐阜にかけて集中している。

県内では、各地に広がっているが、とくに豊岡市の旧竹野町に多い。

江戸時代、播磨小野藩家老に伊藤家があった。美濃時代からの一柳家譜代の家臣。五郎右衛門のとき小野藩家老となり、以後代々家老を務めた。

印南郡伊保村（高砂市）には豪農の伊藤家があった。寛政年間（1789〜1801）以降、農業の傍ら木綿の売買で富を蓄えて土地を集積、明治時代には1千町歩を有し、小作人が2800人もいたという。長次郎は貴族院議員を務める一方、明治28年（1895）に伊藤家農会を組織し、兵庫県内の農業改良を指導した。

30位

全国順位232位

足立

全国的にも丹波に集中、武家一族の名

30位の足立は全国順位が232位と低く、その分布も激しく偏っている。

ルーツは武蔵国足立郡（東京都東北部・埼玉県東南部）で、武蔵国造の子孫とも藤原北家魚名流ともいうがはっきりしない。『将門記』に登場する足立郡司武蔵武芝の末裔という説もある。

事実上の祖である足立遠元は、平治の乱で源義朝に仕えるなど、古くからの源氏の家人《けにん》であった。源平合戦では源頼朝に仕え、鎌倉幕府の御家人となった。遠元の孫の遠政は、承久の乱後丹波国氷上郡佐治郷（丹波市青垣町）を与えられ、丹波足立氏の祖となった。

戦国時代の丹波の国人足立氏は、この丹波足立氏の末裔。山垣城に拠る。天正7年（1579）基助のとき、羽柴秀長に敗れて落城した。

現在は山陰地方から関西にかけてと、大分県、岐阜県に多い。

とくに集中しているのが、鳥取県と島根県の県境付近と、兵庫県氷上地方から京都府福知山市にかけての丹波地区で、とくに丹波地区では、福知山市、旧加美町（多可郡多可町）と、旧氷上町・旧青垣町（ともに丹波市）で最多。なかでも旧青垣町では人口の約4割を占めるという圧倒的な数であった。

31位

池田

県の歴史に刻まれた名

池田は、山田とともに全国にまんべんなく分布している名字の代表だ。都道府県単位でみると、ベストテンに入っているのは佐賀県と鹿児島県だけだが、全国33の都道府県でベスト50に入っており、とくに集中している地域も少ない代わりに、極端に少ない地域というのもない。

池田のルーツは地形。もちろん池田という地名も多く、それらをルーツとする池田も多いが、そうした地名のルーツも地形なので、どちらかというと地形由来の名字といえる。

古くから水田耕作を基本としていた日本では、水源確保のため、池を作って灌漑用に利用した。その結果、「池」と「田」のある風景は日本の原風景になったといえる。池田とは里山とともに生まれた名字なのだ。

歴史的には姫路藩や岡山藩、鳥取藩の藩主を務めた池田家が有名。江戸時代初期に播磨新宮藩主を務めた池田家は、本願寺坊官下間家の出で、池田輝政の縁戚であったことから輝政に仕え、のちに池田重利と改称したのが祖。新宮藩主となったが、四代で途絶え、のち分家が旗本として再興した。

県内でもほぼまんべんなく分布しているが、養父市の旧八鹿町と姫路市の家島にとくに集中している。

全国順位139位

32位

森本

由来は地形、県北部にやや多く

森本は、関西から中国・四国地方にかけて集中している名字である。県単位でみると、奈良県の10位が最高で、13の府県でベスト100に入っている。全国順位は139位なので、32位の兵庫県は森本の多い県の一つである。

ルーツは地形だが、伊勢の森本氏は同国一志郡森本（三重県松阪市嬉野）をルーツとする地名由来。北畠氏一族の木造《こづくり》氏の庶流で、戦国時代は森本城に拠って北畠氏に仕えた。

旗本の森本家は藤原北家秀郷流とも清和源氏ともいう。吉秀は武田勝頼に仕えていたが、その滅亡後徳川家康に仕えた。

土佐国香美郡神池（高知県香美市物部）の土豪森本氏は赤松氏の一族で、やはり伊勢国（三重県）発祥という。

県内では、摂津国川辺郡に国人の森本氏があった。伊丹氏の庶流で「杜本」とも書く。伊丹氏から摂関家領橘御園のうち大路村（伊丹市）の下司《げし》公文職を譲り受け、森本を本拠とした。南北朝時代には基長が北朝に属して伊丹氏とともに各地を転戦した。以後も戦国時代中期まで活躍した。

現在は比較的北部に多く、養父市では9位の名字。そのほかでは、佐用町や淡路市にも多い。

33位

長谷川

広い分布は雄略天皇支配の跡

長谷川のルーツは奈良県中部、桜井市の長谷寺付近。ここを流れる泊瀬川には、古代に大阪湾から川を遡って来た船の最終的な船着き場があった。泊瀬とは、最後に船を停泊させるところ、という意味なのだ。やがて、東西に長い地形から「泊瀬《はっせ》」は「長谷」とも書かれるようになった。そして、発音ではまん中の「つ」が落ちて、「はせ」と言われるようになり、泊瀬川も長谷川と書かれた。現在では、「泊瀬川」と書いて「はせがわ」と読むのがこの川の正式名称である。

5世紀頃、泊瀬を本拠とした第二十五代雄略天皇は、強大な武力を背景に全国各地に多くの所領を有し、そこに自らの直属の家臣たちを派遣して管理にあたらせた。彼らが長谷川と名乗り、長谷川一族の祖となった。

現在は四国・九州以外に広く分布するが、とくに新潟県に多い。県単位でベストテンに入っているのは新潟県だけで、新潟県を中心に分布しているともいえる。

県内では東播磨に集中しており、加古川市と高砂市では4位。そのほか、たつの市の旧新宮町や豊岡市の旧日高町にも多い。大リーグでも活躍した長谷川滋利は高砂市、プロボクサーで3階級を制した長谷川穂積は西脇市の出身である。

34位

渡辺

伝統的な祖を持つ強大な一族

渡辺は全国に広く分布しているが、どちらかといえば東日本の名字。全国で唯一山梨県では最多となっているほか、関東や東北ではベストテンに入っているところが多い。

渡辺のルーツは大阪の堂島地区。平安時代、嵯峨天皇の子孫である嵯峨源氏の一族がこの付近に住み、当時の地名である渡辺をとって渡辺党という武士団を作っていた。

この渡辺党の祖とされるのが、大江山の酒呑童子を退治したことなどで有名な渡辺綱である。こうした伝説的な始祖を持つ一族は、他の地方に移り住んでもあまり名字を変えずに渡辺を使用しつづけたため、今では全国でも第5位という大姓になっている。

なお、渡辺には旧字体を使った渡邊や、異体字を使用した渡邉もあるが、本書ではすべて同じとしている。これは、戸籍上では旧字体や異体字だが、日常生活では新字体という人も多いからだ。もともと、名字の意味やルーツには、新旧字体の違いは全くない。

県内では、豊岡市の旧但東町、宍粟市の旧波賀町、姫路市の旧香寺町など、ところどころに集中地区がある。江戸時代、淡路島の津名郡内田村（洲本市）の庄屋に渡辺家があった。四代目弥三右衛門は月石と号し、地誌学者として知られる。

35位

全国順位72位

谷口

谷の入口に住み土地を守る

谷口は東北以外に広く分布しているが、とくに北陸から関西にかけての地域に多い。なかでも、鳥取県と和歌山県ではベストテンに入っており、ここから富山県にかけての地域では上位50位までに登場する府県が多い。また、南九州でも多い。

一方、東北には非常に少なく、岩手県や山形県などでは、人口の多い都市部を除いてはほとんどいない。県順位35位の兵庫県は比較的谷口の多い県といえる。

谷口という名字の由来は地形である。山の中の源流から低地におりてきた川は、山を削って谷をつくる。やがて谷は次第に広くなり、さらに大きな平野に流れ込むことになる。こうした谷間の入口を谷口といい、ここに住んでいた人が谷口を名乗った。

また、中世の武士たちは敵からの防衛のために、平野の中央部ではなく、谷間に住むことが多かった。領主は谷を少し入った場所に館を構え、谷の入口は配下の武士が守った。彼らの末裔が名乗ったのも谷口という名字である。

県内では、姫路市に合併した旧安富町では町で最多の名字だったほか、隣接する旧山崎町（宍粟市）でも第2位であるなど、西播磨北部から但馬地区にかけて多い。

36位

岸本

ベスト50入りは兵庫だけ

今では「岸」は海や川の波打ち際をイメージするが、元々はこうした水際だけではなく、大きな地形の変わり目を意味した。つまり、山中の崖地なども「岸」だったことになる。実際、「岸」のつく名字は海岸や川沿いだけでなく山間部にも多い。

現在は、関西から中国地方にかけてと、沖縄県に多い。36位というのは全国で最も高く、県単位でベスト50に入っているのも兵庫県だけ。

県内では播磨東部から丹波地区にかけて集中しており、旧東条町（加東市）では第2位の名字となっていたほか、加古川市や篠山市にも多い。なお、岡山県北部の津山市付近や、鳥取県東部にも多い。

播磨国印南郡高砂町（高砂市）には豪商の岸本家があった。もとは印南郡大国村（加古川市西神吉町）の出で、木綿商を営んでいた。江戸時代初期に三代目道三の七男道順が分家して高砂町に進出したのが祖。高砂家三代目の博高の頃から富商となり、四代克寛と五代克孝は高砂町の大年寄となる一方、姫路藩の木綿専売を取り扱って士分にも取り立てられた。円山応挙ら多くの文人墨客と交流があったことでも知られ、維新後も、日本画家橋本関雪が一時仮寓していた。

37位

福田

由来は地名・地形両方あり

福田は地名から生まれた名字だが、福田という言葉は湿地を意味する「ふけた」から変化したといわれており、地名に限らず、こういった地形の場所からも福田が生まれた可能性が高い。さらに「福をもたらす田」という意味で名づけられたものもある。

福田は地名だけでなく、地形由来の名字としての要素も高いため、全国各地に広く分布している。その中では北関東、山陰、九州北部に多いが、とくに栃木県に集中している。

県内では、淡路以外に広く分布しており、東播磨の稲美町で3位の名字となっているほか、香美町の旧美方町、豊岡市の旧竹野町、佐用町の旧上月町など、ところどころに集中地区がある。

播磨国美嚢郡三木（三木市）に旧家の福田家がある。出雲守護塩谷高貞の末裔と伝える。初代宗春が別所長治に仕え、長治の没後三木で帰農した。二代清春が名字を母方の井上に改め、四代貞斎のとき宗春の拠っていた加東郡福田（加東市）に因んで福田氏と改称した。貞斎は京で三宅観瀾に学び儒学者として知られる。六代尚記は町年寄を務めるなど、三木の有力町人として代々続いた。

江戸時代には摂津国武庫郡生津村（尼崎市）で代々庄屋を務めた福田家もある。

38位

中島

「島」「嶋」「嶌」似ているけれど別名

「なかじま」は、中島だけでなく、中嶋や中嶌と書く人も多い。「邊」が「辺」の旧字体であるように、「嶋」や「嶌」も「島」の旧字体であると思っている人も多いが、「嶋」や「嶌」と、簡単な「島」は別の漢字である。本書では、新旧の漢字による違い（小沢と小澤など）は同じとみなしているが、違う漢字の場合はたとえ字形が似ていようとも、別の名字としている。従って38位に入っているのは中島で、中嶋や中嶌は含まれていない。

　また、中島は「なかしま」と濁らないことも多い。とくに九州から山口にかけては、「なかしま」の方が多い。こうした清濁の違いは本書では同じ名字とみなしている。県内では「なかしま」「なかじま」ともに多い。

　中島のルーツは各地にある地名で、全国に広く分布している。

　県内では西播磨北部から但馬に集中している。養父市と朝来市ではともに第5位の名字で、とくに旧八鹿町（養父市）に多い。また西播磨の神河町でもベストテンに入っている。播磨の中島氏は佐用郡中島（佐用郡佐用町中島）発祥で、宇野氏の支流。中島城に拠った。

　なお、作家中島らも（本名・裕之）は尼崎市の出身である。

39位

坂本

幕末の志士で有名、坂の下の家

「坂本」は「坂の下」という意味の方位由来の名字。坂はどこにでもあり、名字の坂本も沖縄を除いてほぼ全国的に分布する。どちらかというと西日本に多いが、人口比のベスト3は、熊本県、高知県、青森県となっている。4番目に多いのも山梨県で、地域的には全くバラバラ。

県内では但馬と西播磨に多く、新温泉町ではベストテンにも入っている。佐用町にも多い。

なお、宮崎県南部から鹿児島県では、「さかもと」という名字は、坂元と書く名字が一般的。また紀伊半島では阪本も多い。

坂本で一番有名なのは、幕末の志士、坂本龍馬だろう。龍馬の本家にあたる坂本家は、明智光秀の一族、明智左馬之助の子孫という言い伝えがあるが、信憑性はない。

県内の人物としては、方言を駆使した詩人坂本遼が旧東条町（加東市）の出身である。

現在活躍中の人物としては、プロ野球巨人で主将を務める坂本勇人が青森県の光星学院高の出だが、出身は伊丹市。小学校時代は当時捕手だった田中将大（ヤンキース）とバッテリーを組んでいた。

また、アテネ五輪に出場したマラソン選手坂本直子は西宮市の出身である。

40位

中川

播磨をルーツとする可能性あり

中川は方位由来の名字。川が複数流れていると、中央の川を中川と読んだ。こういう場所は各地にあるため、中川という名字のルーツも全国各地にあるが、とくに北陸から関西にかけて多い。最も多いのが6位の滋賀県で、次いで石川県で7位となっている。40位の兵庫県は比較的中川の多い県といえる。

歴史的に最も有名なのは、豊後岡藩の藩主を務めた中川氏だろう。戦国時代には摂津国の茨木城（大阪府）の城主だった。先祖は清和源氏の源頼光という。

県内には佐用町に中川郷という地名があった。神功皇后が風雨を避けるために淡路島で苫で仮屋を造った苫編首大中子が、のちに仲川を名乗って佐用郡に住んだため中川という地名になったという。また、揖保川の支流に中川があるなど、播磨地区が中川のルーツの一つである可能性が高い。

実際、県内ではまんべんなく分布しているが、とくにたつの市の旧御津町や姫路市の家島など、播磨地区に多い。そのほかでは淡路市にも多い。

著名人としては、三代目桂米朝の本名が中川清で、姫路市の出身。真言声明の第一人者として知られた中川善教は神戸市の生まれである。

全国順位2位

41位

鈴木

熊野から全国へ、山伏の共通名字

かつて「鈴木」は日本一多い名字ともいわれていたが、正確な集計ができるようになった現在では「佐藤」に次いで2位。しかし、西日本ではそれほど多くはなく、兵庫県では41位。県内では南部に多く、丹波から但馬にかけての地域では極めて少ない。

「鈴木」さんのルーツは紀伊半島にある。稲の収穫後、ワラを天日に干すために積みあげたことから「穂積」という姓が生まれ、これをこの地方の方言で「すずき」と呼んだことから「鈴木」という名字が誕生した。漢字はあとからあてたものだ。

古代、熊野は修験道の総本山だった。修験道は、平安時代には朝廷で深く信仰されていた。熊野で修験道を伝える山伏たちは、信仰を広めるために各地に赴いたが、その際には「鈴木」という名字を名乗っていた。つまり、「鈴木」とは特定の始祖がいるのではなく、熊野から来た山伏であることを示す共通の名字だったのだ。和歌山県海南市にある藤白神社には、鈴木家の総本家がある。

県内では、播磨三草藩家老に鈴木家がある。尾張国丹羽の出で、丹羽氏譜代の家臣。

幕末の国学者鈴木重胤は淡路の仁井村（北淡町）の庄屋の生まれ。生家は現在の仁井《にい》小学校で、校舎横手には鈴木家累代の墓地がある。

42位

中野

特定難しい複数のルーツ

「中野」という名字は、沖縄県を除いて全国にまんべんなく分布している。北は北海道から南は鹿児島まで全国36の都道府県でベスト100までに入っており、50位以内の県も多い。

人口比でみて最も中野が多いのが山口県で、順位でも21位と最高。このほか、大阪府、福岡県、鹿児島県でも20位台で、どちらかといえば西日本に多い名字といえる。

兵庫県は42位で、全国的にみても中野さんの多い地域である。

東日本では50位~100位前後のところが多く、東北南部では100位以下と、やや少なくなっている。

県内では全域にまんべんなく分布しているが、神河町には多く、第5位の名字となっている。また、淡路市の旧淡路町にも多い。

「中野」という名字は、各地の地名から生まれた地名由来の名字であるだけでなく、「平野の中央部」あるいは「山の間の野原」という意味を持つ地形由来の名字でもある。こうした名字の特徴として、特定のルーツははっきりしないものが多い。

県内には西宮市、伊丹市、篠山市など各地に中野の地名があり、ルーツは複数あったと考えられる。

43位 松田

沖縄にも広く分布する珍しさ

「松田」は、沖縄も含めて全国にまんべんなく分布している名字の一つである。沖縄以外に広く分布する名字は多いが、沖縄も含めて多い名字はあまりない。

現在では、福島・栃木・山梨の3県を除いてすべて2000位以内に入る。山形県や奈良県ではベスト20にも入っており、43位の兵庫県は全国平均に近い。

これらの「松田」の由来は地名である。「松田」という地名は全国各地にあり、それらをルーツとして各地で生まれたため、「松田」という名字は全国津々浦々に広がっているのだ。

こうした各地の松田のなかで、一番有名なのが相模国足柄上郡松田郷（神奈川県松田町）をルーツとする松田氏。藤原北家の波多野氏の支流で、戦国時代は同地の有力氏族だった。また一族は備前国に移り住み、戦国時代には同地の戦国大名となっている。

県内では、養父市と朝来市に多く、とくに養父市の旧大屋町と、朝来市の旧朝来町に集中している。

神戸市北区松田町の与左衛門新田は、菟原《うばら》郡横屋村（神戸市東灘区）の松田与左衛門が開拓したために名づけられたものだ。

44位

高田

由来の地名、県内にも多い

「高田」とは周囲よりやや高い場所にある田んぼを指す言葉で、そういう田んぼの所有者が名乗ったのが祖。また、「高田」は地名にも多く、こうした各地の「高田」地名をルーツとする高田氏も多い。

現在、高田は沖縄を除いて広く全国に分布しているが、どちらかといえば、北陸に多い。県単位でみると、富山県の11位が全国最高で、ついで石川県の33位。このほか、北海道と兵庫県でベスト50に入っている。

県内では、淡路から播磨にかけて多い。淡路市では第2位の名字で、合併前の旧津名町では最多の名字だった。洲本市でも5位に入っている。

各地の地名をルーツとする高田氏のうち、一番有名なのが、用明天皇の皇子で、聖徳太子の異母弟の当麻皇子の末裔と伝える大和の高田氏だろう。

県内では、上郡町奥には高田城跡があり、南北朝時代には高田兵庫助が拠っていた。この付近は赤穂郡高田荘の一部で、『和二抄』にも掲載されている古い地名。このほかにも、県内には高田地名は多い。

松竹の時代劇で活躍した俳優の高田浩吉は尼崎市の生まれ。現在活躍中の人物では、時代小説作家の高田郁が宝塚市の出身。

45位

竹内

旧滝野町に集中、由来は地形から

「竹内」は東北南部以外に広く分布している。とくに多いのが、福井・長野・愛知の3県で、いずれも県順位は20位以内。なかでも愛知県の知多半島には多く、半田市や知多市を中心とした地域に、1万人以上の竹内さんがいる。

この3県に次いで、高知県や鳥取県で県順位30位前後となっており、東北南部や九州を除いてほとんどの都府県でベスト100に入っている。

県内では全域に広く分布しているが、比較的東播磨に多く、とくに加東市の旧滝野町に集中している。

「竹内」は地形由来の名字だ。竹に囲まれた場所、という意味が起源と考えられる。

歴史的には、京都市伏見区を本拠とした竹内氏や、戦国時代の美作一之瀬城主の竹内氏などが知られている。

このうち、美作の竹内氏は公家の竹内家の末裔と伝えている。公家の竹内家は、公家としては珍しく清和源氏の流れで、正しくは「たけのうち」とよんだ。

県内では、上郡町上郡の旧家に竹内家がある。この付近は尼崎藩の飛地で、竹内家は上郡村の大庄屋として15村を管轄した。

46位

山崎

日本の地形が生んだ名字

山崎は、漢字や読み方が微妙に違っているものが多い。最も多いのは山崎だが、ほかにも山﨑、山嵜、山嵜というものもある。読み方も、全国的には「やまざき」が多いが、西日本では濁らない「やまさき」が主流である。とくに中国地方以西では、ほとんどが「やまさき」と濁らない。本書では、濁る濁らないの違いは同じ名字としてカウントしているため、46位という順位は「やまざき」「やまさき」の両方を合わせたものである。

山崎という名字は地形に由来している。「崎」というのは、尖っている先端を意味する言葉。つまり、「山崎」とは、山の稜線が降りてきて、平地と交わる先端付近という意味である。山の多い日本では、こうした地形はいたる所にある。したがって、山崎さんのルーツも全国各地にあることになる。

県内では、淡路と但馬に多い。淡路では南あわじ市に多く、但馬では香美町の旧香住町に集中している。

豊臣政権下で摂津三田を領していた山崎氏は、近江国犬上郡山崎（滋賀県彦根市）がルーツ。憲家が源頼朝に仕えて山崎の地頭となったのが祖。堅家のときに豊臣秀吉に仕えて摂津三田で2万3千石を領した。江戸時代には備中成羽《なりわ》藩主となっている。

47位

三木

播磨に散った武将の名残

三木は兵庫県・香川県・徳島県の3県に集中している名字で、兵庫県の47位というのは、香川県の20位に次ぐ順位。県内では播磨地方に多く、とくに姫路市とたつの市に集中している。現在、たつの市では第4位の名字で、合併前の旧龍野市では第3位だった。

中世、播磨国飾西郡には国人三木氏がいた。伊予河野氏の庶流で、讃岐国三木郡を賜って三木氏に改称し、のちに赤松氏を頼って播磨に転じたという。戦国時代には英賀城（姫路市）の城主となり、羽柴秀吉が播磨に進出した際には、通秋は毛利氏と結んで抵抗、敗れて落城した。通秋はのちに郷士になったといい、播磨には末裔と伝える旧家が多い。

播磨国神東郡辻川村（神崎郡福崎町西田原）の三木家はこの末裔。元禄年間（1688～1704）に建てられた内蔵や、酒造蔵などが残る三木家住宅は県指定文化財である。

播磨国揖保郡林田村（姫路市林田町）の三木家は通秋の弟の定通の末裔という。江戸時代を通じて大庄屋を務め、名字帯刀を許されていた。この三木家住宅も県文化財。

姫路城下には椀箱屋と号して代々姫路宿の本陣を務めた三木家もある

近代では詩人三木露風、哲学者三木清が、ともにたつの市の生まれである。

48位 宮本

神社の数がルーツの数

宮本とは、「神社の近く」という意味の名字である。また「神社を支える氏子」という意味もあったという。かつて、人の住むところには必ず神社が一つはあった。つまり、宮本という場所は全国どこにでもあったことになる。

全国的にみても、沖縄と東北以外に広く分布し、県内でもほぼまんべんなく分布している。

宮本という名字で一番有名なのは、剣豪宮本武蔵だ。武蔵は播磨国印南郡米堕村（高砂市）生まれ。もとの名字は平田であったが、幼少期をすごした美作国吉野郡宮本（岡山県美作市）にちなんで名乗るようになった。

江戸時代に小倉藩家老を務めた宮本家は宮本武蔵の養子（兄の子）宮本伊織の子孫である。伊織も米堕村の生まれ。武蔵の兄・田原久光の二男で、武蔵の甥にあたる。

現在、宮本は西日本一帯から北陸にかけてと、東日本では茨城県に多い。とくに和歌山県ではベストテンにも入っている。神社の近く、という意味の名字だけにルーツは各地にある。民俗学者宮本常一の家も、家が神社の下にあったために、「宮本」を名字にしたものだと、その著書に書いてある。

戦前を代表するプロゴルファー宮本留吉や、芥川賞作家宮本輝が神戸市の生まれである。

49位

石田

生まれは石のように硬い土地

石田は沖縄県以外に広く分布している。とくに、山口県から新潟県にかけての日本海側一帯に多く、南九州、高知県、和歌山県などにはあまり多くない。

県内では丹波から但馬にかけて多い。現在は篠山市で9位、朝来市で10位の名字だが、朝来市に合併する前の旧山東町では町で最多の名字だった。

石田は地形由来の名字である。「石」は石そのものではなく、「硬い」というような意味だろう。つまり、石田とは石がゴロゴロころがっている田んぼではなく、石のように地盤が硬いところにある田んぼだと思われる。

そもそも、石がごろごろ転がっているような田んぼは考えづらい。また、こうした場所が石田と呼ばれて地名となり、そうした地名から石田さんが生まれた。

県内では、播磨国美嚢郡上松村（三木市）の旧家に石田家がある。上松村は下総古河藩の飛地で、石田家は土井家から名字帯刀を許されて大庄屋を務めていた。幕末の当主源十郎は鴻池家を後ろ盾に、銀札・銭札の札元も務めている。

漫才師、喜劇俳優として活躍した横山エンタツは本名を石田正見といい、三田市の生まれ。その二男は喜劇俳優の花紀京である。

50位

西田

中世の武士が好んだ土地

西田とは、「村の中心地から見て西の方にある田んぼ」という意味。こうした田んぼを持っていた人が名乗った、方位由来の名字である。

東西南北＋地形で生まれた名字は、「西」と「北」が多い。これは中世の武士たちがどういう場所を好んで住んだかということに関係している。

中世の武士は、平野の真ん中ではなく、谷間に住むことが多かった。というのも、谷間であれば、敵の攻撃に対しては、一方だけを固めればいいからだ。

また、自らの領地内で稲の実りが豊かになるよう、日当たりのよい南側や東側に開いた谷を好んだのだ。こうした谷間の水田は、領地である谷の奥の方に広がったことから、領主の館からみると、西側や北側にあることになる。したがって、方位＋「田」の名字は、「西」と「北」が多いのだ。

西田は全国に広がっているが、とくに富山県から関西にかけての地域に多い。最も多いのは県順位21位の石川県で、和歌山県を除く関西各地でも50位以内に入っている。

県内では、淡路と但馬に比較的多く、とくに淡路市の旧淡路町地区に集中している。

兵庫県の名字ランキング350

1	田中	2	山本	3	井上	4	松本	5	藤原《ふじわら》	6	小林
7	中村	8	吉田	9	前田	10	山田	11	橋本	12	藤本
13	岡本	14	山口	15	高橋	16	大西	17	岡田	18	藤田
19	山下	20	藤井	21	村上	22	西村	23	林	24	清水
25	上田	26	木村	27	森	28	佐藤	29	伊藤	30	足立
31	池田	32	森本	33	長谷川	34	渡辺	35	谷口	36	岸本
37	福田	38	中島	39	坂本	40	中川	41	鈴木	42	中野
43	松田	44	高田	45	竹内	46	山崎	47	三木	48	宮本
49	石田	50	西田	51	加藤	52	原田	53	黒田	54	小西
55	和田	56	後藤	57	浜田	58	森田	59	中西	60	西川
61	田村	62	木下	63	福井	64	近藤	65	横山	66	松尾

133	127	121	115	109	103	97	91	85	79	73	67
奥田	南	高木	山根	武田	吉岡	三宅	中井	中尾	斉藤	小川	宮崎
134	128	122	116	110	104	98	92	86	80	74	68
松原	小谷《こたに》	小野	沢田	平田	三浦	尾崎	青木	大谷《おおたに》	西山	中田	中山
135	129	123	117	111	105	99	93	87	81	75	69
土井	山中	荒木	植田	川崎	高見	岩崎	中谷《なかたに》	安田	原	太田	松井
136	130	124	118	112	106	100	94	88	82	76	70
阿部	大野	山内	岡	丸山	辻	八木	片山	小山《こやま》	松下	前川	酒井
137	131	125	119	113	107	101	95	89	83	77	71
石川	村田	平野	多田	上野	永井	北村	吉川《よしかわ》	杉本	久保	増田	石井
138	132	126	120	114	108	102	96	90	84	78	72
広瀬	堀	矢野	福本	平井	野村	石原	今井	岩本	柴田	松岡	佐々木

205	199	193	187	181	175	169	163	157	151	145	139
岸田	田渕	服部	田口	野田	細見	戸田	本田	津田	森下	佐野	古川
206	200	194	188	182	176	170	164	158	152	146	140
遠藤	北野	佐伯《さえき》	小松	永田	岩田	西尾	東《あずま》	内田	赤松	竹中	松浦
207	201	195	189	183	177	171	165	159	153	147	141
馬場《ばば》	坂田	野口	畑	久保田	竹田	芦田	北川	福島	西岡	荻野	川上
208	202	196	190	184	178	172	166	160	154	148	142
安井	平山	谷川	塚本	橋	森川	坂口	藤岡	桜井	片岡	小田	大塚
209	203	197	191	185	179	173	167	161	155	149	143
川端	玉田	吉村	宮田	安藤	寺田	福永	横田	樋口	川口	内藤	西本
210	204	198	192	183	180	174	168	162	156	150	144
奥野	秋山	井口	岡崎	大橋	松村	内海	長尾	島田	谷	河野《こうの》	米田

277	271	265	259	253	247	241	235	229	223	217	211
関	中本	高井	宮脇	杉山	岩井	中塚	富田	大森	岡村	小島《こじま》	阪本
278	272	266	260	254	248	242	236	230	224	218	212
宮下	菅野《すがの》	大川	豊田	小寺	稲田	入江	高瀬	金沢	水野	福岡	細川
279	273	267	261	255	249	243	237	231	225	219	213
安達《あだち》	岡野	谷本	寺本	衣笠	篠原	天野	新田	鎌田	河合	水田	広田
280	274	268	262	256	250	244	238	232	226	220	214
岸	泉	浅野	石橋	上山《うえやま》	上村《うえむら》	三輪	三村	春名	竹本	浅田	大久保
281	275	269	263	257	251	245	239	233	227	221	215
白井	大島	小倉《おぐら》	金子	今村	北山	西垣	神田	田辺	大山	奥村	西
282	276	270	264	258	252	246	240	234	228	222	216
菅原《すがはら》	中原	大石	向井	吉本	新井	高島	大前	三好	柏木	飯田	中嶋

283 難波
284 森脇
285 松山
286 吉井
287 浜本
288 浜野
289 西谷
290 長田《ながた》
291 志水
292 森岡
293 川本
294 亀井
295 青山
296 榎本
297 溝口
298 長井
299 上原
300 大田
301 長沢
302 辻本
303 斎藤
304 丸尾
305 池内
306 上月
307 水谷
308 坂井
309 藤川
310 小坂《こさか》
311 筒井
312 藤原《ふじはら》
313 立花
314 浜口
315 土居
316 金田《かねだ》
317 田原
318 長野
319 大村
320 高原
321 出口
322 山村
323 浅井
324 沼田
325 梅田
326 笹倉
327 池上
328 高山
329 稲垣
330 西口
331 岡部
332 山岡
333 西脇
334 森口
335 秋田
336 平岡
337 桑原
338 柳田
339 浜崎
340 河村
341 三谷
342 植村
343 川村
344 嶋田
345 生田
346 牧野
347 正木
348 藤野
349 大江
350 高松

四章　兵庫県を代表する名族・名家、珍しい名字

中世の名族

多田氏

県内で最初に活躍した武士団が、今の川西市を本拠とした多田氏である。

多田氏は清和源氏の一族。清和源氏は全国に広がったため、その本拠地をもとにしていくつかに区分された。多田氏は摂津国を本拠とした摂津源氏の嫡流である。そして、摂津源氏は清和源氏の嫡流であることから、多田氏こそが源氏の嫡流であるといえる。

安和元年（９６８）、清和源氏の祖である源経基の子満仲が神託を受けて一族郎党とともに多田盆地に移住、鉱山に目をつけて摂津国河辺郡多田荘（川西市）を開発したのが始まりである。天禄元年（９７０）には多田院を創建して、ここを摂津源氏の本拠とした。多田荘は亀岡を経由して京にも近く、周囲とは隔絶した盆地のため、武士団を駐留させるには適した場所だったと考えられる。多田荘には朝廷の検非違使《けびいし》の権力も及ばなかったといい、満仲は多田荘内では絶大な力を所有していた。

満仲のあとは長男の頼光が多田荘を継承、頼綱の頃から多田氏を称したが、摂津源氏の嫡流として貴族化したうえ、頼綱が荘園を摂関家に寄進したため、平安時代後期には摂関家とともに没落した。

治承4年（1180）の以仁王の挙兵に参加した源三位《げんざんみ》頼政は頼綱の孫で、多田氏の庶流にあたるが、多田氏とは独立していたとみられる。

多田氏系図

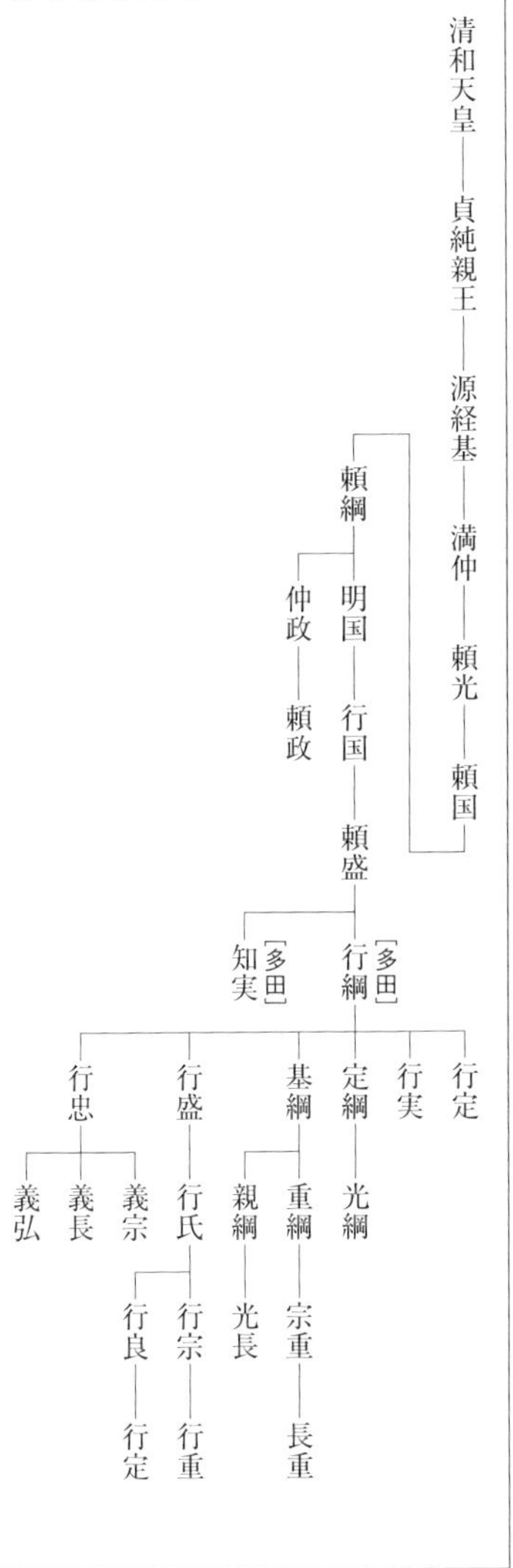

多田満仲像（川西池田駅前）
森岡直浩 撮影

嫡流の行綱は後白河院らの鹿《しし》ヶ谷の陰謀を平清盛に密告する一方、平家が都落ちする際には木曽義仲や源義経に通じるなど、目まぐるしく変転した。しかし、文治元年（１１８５）源頼朝によって多田荘を追われている。行綱の子基綱は承久の乱で上皇方についたため乱後処刑され、摂津源氏嫡流としての多田氏は事実上滅亡したが、多田氏の末裔は全国に広がった。

多田荘は清和源氏発祥の地ともいうべき場所で、多田院は現在多田神社として残っている。

赤松氏

鎌倉時代末期、各地に新しい勢力が次々と登場した。そのうちの一つが播磨の赤松氏である。

赤松氏のルーツは播磨国赤穂郡赤松（赤穂郡上郡町赤松）。『太平記』に「播磨国ノ住人、村上天皇第七御子具平《ともひら》親王六代ノ苗裔」とあるほか、各種系図では村上源氏の子孫となっているが、はっきりしたことはわからない。『赤松略譜』によると、公家久我《こが》師季が播磨国佐用荘に流され、そこで生まれた季房が赤松氏の祖であるという。

建久4年（1193）頃、則景が佐用荘の地頭となり、以後西播磨に勢力を持った。しばらくは宇野氏を称しており、家範のときに赤松氏を名乗るようになったらしい。鎌倉末期には権力者に対抗する〝悪党〟として活動していたとみられる。

元弘3年（1333）正月、則村（円心）は後醍醐天皇の令旨《りょうじ》に呼応して山陽道からいち早く応じ、苔縄城で挙兵、足利尊氏とともに六波羅を攻略して後醍醐天皇を迎えた。尊氏が建武政権を離脱すると、白旗城（赤穂郡上郡町）を築城して尊氏に従い、室町幕府の創立後、則村は播磨、嫡子範資は摂津、次子貞範は美作の守護となった。

以後代々北朝方として活躍。義則は室町幕府の四職の一人となって播磨・摂津・備前・美作の四国の守護を兼ねた。一族および土豪層を家臣団として形成し、その子満祐は六代将軍足利義教と対立、嘉吉元年（1441）将軍義教を弑したため、山名氏・細川氏らに討たれて没落した（嘉吉の乱）。

赤松円心像（上郡町宝林寺蔵）
『BanCul』所載、小川克美撮影

長禄2年（1458）になって政則が再興、文明元年（1469）置塩城（姫路市夢前町宮置）を築城。応仁の乱では東軍に属して播磨・備前・美作の守護を回復するが、やがて守護代の浦上氏が台頭、圧迫されるようになる。そして、大永元年（1521）義村が浦上村宗に殺され、さらに永禄2年（1559）義祐は浦上宗景によって追放されて赤松氏の嫡流は滅亡した。

義祐の子則房は羽柴（豊臣）秀吉に仕えて、阿波住吉（徳島県板野郡藍住町）で1万石を領したものの、天正13年（1585）断絶している。

赤松氏には龍野城（たつの市）に庶流があった。村秀が龍野城に拠ったのが祖で、広英は秀吉に仕えて、但馬竹田（朝来市和田山町竹田）で2万2000石を領したが、関ヶ原合戦で西軍に属したため鳥取で自刃して滅亡。

別所氏、有馬氏、明石氏など、赤松氏の一族と伝える氏族は多い。

波多野氏

戦国時代、丹波国には戦国大名波多野氏がいた。

波多野氏といえば、相模国余綾《ゆるぎ》郡波多野（神奈川県秦野市）をルーツとする相模の波多野氏が有名である。藤原秀郷の末裔で、藤原公光の子経範が波多野氏を称したのが祖。秀遠は鳥羽天皇、遠義は崇徳天皇に仕え、遠義以降多くの庶子家を分出して相模国西部に勢力を広げた。義通の妹は源義朝の子朝長を育てたことでも知られる。鎌倉時代は御家人となり、室町時代は幕府の評定衆に列した。

丹波波多野氏はこの一族というが、系譜関係は不詳。また、大内氏に仕えた石見吉見氏の一族である吉見清秀が細川勝元に仕え、母方の姓を継いで波多野氏を称したともいうなど、出自については諸説ある。

応仁の乱の際、波多野秀長が細川勝元に与して各地を転戦し、乱後、丹波国多紀郡を与えられて入部。永正12年（1515）には稙通（元清）が八上城（篠山市）を築城している。

その後、香西《こうざい》氏や別所氏と縁戚関係を結んで細川氏内での地位を向上させる一方、波々伯部氏や酒井氏などの国人層を被官化して西丹波に勢力を広げた。

波多野氏から香西家を継いでいた元盛が細川高国によって自害させられると、波多野植通は高国に叛いて丹波国から細川勢を追放。子秀忠は宿敵内藤氏を降して丹波国全域を支配し、やがて細川氏の支配を脱して独立、戦国大名化した。

弘治3年（1557）三好長慶・松永久秀連合軍に攻められて八上城が落城。晴通・秀治父子は10年間の流浪生活を送っている。永禄9年（1566）秀治が八上城を奪還、再び丹波国の有力大名に返り咲いた。織田信長が上洛すると、秀治は馬と太刀を献上して通じたが、信長と将軍足利義昭の関係が悪化すると義昭側につき、安芸毛利氏と気脈を通じた。そのため、天正3年（1575）から明智光秀による丹波侵攻が始まり、同7年（1574）和議工作で城を出たところを捕えられて落城した。この際、明智光秀は自らの母を人質として送り、和議をもちかけたともいわれる。拘束された秀治は安土城下に送られ、処刑されて丹波多野氏は滅亡した。

別所氏

戦国時代の播磨を代表する大名が別所氏である。赤松氏の庶流で、赤松則村（円心）の弟の円光の子敦光が同国印南郡別所（姫路市別所）に住んで別所氏を称したのが祖。室町時代は赤松氏に従い、則治は東播磨三郡の守護代となって三木城に拠った。

別所長治像（三木城跡）

戦国時代になって赤松氏が没落すると、独立して播磨東部の美嚢・明石・印南・加古・多可・神東・加西・加東の8郡を支配する戦国大名に成長。永禄年間（1558～1570）に五代目を継いだ長治は、継いだ際に若年であったことから、叔父の賀相と重棟（宗）が補佐したが、賀相と重棟が対立して重棟は別府城（加古川市）に転じている。

天正3年（1575）長治は重棟とともに上洛、織田信長に拝謁して通じたが、同6年に中国征討担当が羽柴秀吉に決まると、離反して毛利方に転じた。離反の理由は、賀相と秀吉の不仲説や、成り上がりの秀吉の下風に立つことをよしとしなかったなど諸説ある。長治の離反後も重棟は依然織田方に与し、秀吉は重棟を通じて長治に翻意を促したものの実らず、以後2年間にわたって激しく戦った。

当初は別所方が攻勢に出たが、やがて秀吉は支城を次々と降して三木城を孤立させ、食糧補給を断ったことで城内が混乱。天正8年（1580）長治ら一族が自刃することで開城し、嫡流は滅亡した。

重棟はその後も引き続き秀吉に仕え、同13年（1585）丹波園部（京都府南丹市園部町）で1万5000石を領した。関ヶ原合戦では子吉治が西軍に属したが安堵され、大坂の陣で功を挙げて丹波綾部藩（京都府綾部市）2万石を立藩したものの、寛永5年（1628）に参勤交代を怠ったため取りつぶされた。のち旗本として再興している。

黒田氏

平成26年のＮＨＫ大河ドラマ「軍師官兵衛」の主人公だった黒田官兵衛（如水）。竹中半兵衛とともに戦国時代を代表する参謀で、その子長政は福岡藩52万石の藩祖である。黒田氏は播磨国の国人の出だが、そのルーツははっきりしない。

福岡藩主黒田家の作成した『黒田家譜』や、幕府の編纂した公式の系譜集『寛政重修諸家譜』などでは、宇多源氏佐々木氏の一族で、近江国伊香郡黒田村（滋賀県長浜市木之本町黒田）をルーツとしている。官兵衛の曽祖父にあたる高政が、永正8年（１５１１）に足利義稙に従って船岡山合戦に出陣した際、軍令に叛いたことから備前国福岡（岡山県瀬戸内市長船町福岡）に逃亡したという。確かに、同地をルーツとする佐々木庶流の黒田氏は実在し、室町幕府の奉公衆であったこともわかっているが、それが黒田官兵衛の先祖であるという確証はない。

これに対して最近登場したのが、赤松氏の庶流説である。『荘厳寺本　黒田家略系図』に記載されているもので、赤松円心の弟円光を祖とし、播磨国多可郡黒田（西脇市黒田庄町）

がルーツだという。

そもそも黒田氏が史上に現れるのは重隆の代で、その場所も姫路である。従来の宇多源氏説だと、備前国福岡から姫路に移り住んだ経緯が判然としない。その点、赤松氏説だともともと播磨発祥の国人ということになり、姫路で当時勢力のあった小寺氏の重臣となったのもわかりやすい。しかし、問題は宗家という赤松氏側の資料に黒田氏の名が登場しないことだ。

黒田官兵衛（福岡市博物館蔵）

黒田氏はおそらく元から播磨国に根づいていた国人だったのだろう。そして、その勢力が大きくなるに従って、播磨国の有力大名だった赤松氏の一族を称するようになり、さらに武家の名門佐々木氏の一族黒田氏と結びつけたものではないだろうか。
播磨黒田氏の祖は高政で、その子重隆が家伝の目薬の調合と低利の融資で財をなしたとされるのが事実上の初代である。職隆は赤松氏に属した御着城主小寺政職に仕えて家老となり、政職の死後は小寺氏を称して姫路城（姫路市）に拠った。
その子官兵衛（如水）は織田信長に仕え、天正6年（1578）には信長に謀反を起こした荒木村重の説得に有岡城に赴き、そのまま幽閉された。この際、主君だった小寺政職も離反したため、以後は黒田氏に復している。翌7年、有岡城落城の際に家臣栗山利安によって救出され、以後は豊臣秀吉のもとで参謀として活躍した。そして、子長政は徳川家康の側近となって、関ヶ原合戦後は福岡52万石余の大藩の藩主となった。

近世の名家

酒井家（姫路藩主）

姫路藩主の酒井家は、代々徳川家の重臣として仕えた生粋の譜代大名である。

ルーツは三河国幡豆《はず》郡酒井（愛知県西尾市吉良）であるというが、同国碧海《へきかい》郡酒井村ともいう。また松平氏の祖親氏の庶子広親の子孫と伝えるが、大江姓説などもあり、どうもはっきりしない。いずれにしても松平氏譜代の中でも最も古い家柄で、重臣筆頭の地位にあったことは間違いない。

酒井家は、古い時代に左衛門尉家と雅楽頭《うたのかみ》家の二流に分かれている。ともに松平家中の重臣で、姫路藩主の酒井家は雅楽頭家の末裔である。

戦国時代、雅楽頭家の正親は松平清康に仕え、その没後は広忠の家老を務めた。さらに徳川家康の家老となり、永禄4年（1561）牧野貞成の西尾城（愛知県西尾市）を落として、以後西尾城に拠って譜代に列した。天正14年（1586）に継いだ重忠は、同18年の関東入国後、武蔵国川越（埼玉県川越市）で1万石を領し、関ヶ原合戦後の慶長6年（1601）には上野厩橋3万3000石に転じた。

重忠の子忠世は徳川秀忠の家老となり、関ヶ原合戦後、父重忠とは別に上野那波藩1万石を立藩。元和2年（1616）上野伊勢崎5万2000石となり、翌年には父の遺領も継いで前橋8万5000石の藩主となった。その後老中となり、新田を加えて12万2500石の大身に出世した。

重忠の孫の忠清は寛文6年（1666）大老となって15年間務め、「下馬将軍」といわれ、延宝8年（1680）15万石に加増された。しかし、同年四代将軍家綱が死去した際に、有栖川宮幸仁親王を将軍に迎えようとして失敗、五代将軍綱吉の就任で失脚した。

寛延2年（1749）忠恭《ただずみ》のときに播磨姫路15万石に転封。幕末、忠績《ただしげ》は大老となるが、藩内は尊攘派と佐幕派が対立。跡を継いだ忠惇《ただとし》も老中となり、鳥羽伏見の戦いでは幕府軍に属して敗れている。維新後、忠惇は家督を養子の忠邦に譲って徳川家とともに駿河に移り、久能山東照宮の宮司となった。のち忠興のときに伯爵となっている。

江戸時代を代表する画家・酒井抱一は、姫路藩主酒井忠以《ただざね》の弟である。俳人でもある兄忠以の理解のもと狩野派に学び、さらに尾形光琳に私淑して江戸琳派の祖となった。代表作「夏秋草図屏風」は国指定重要文化財である。

浅野家（赤穂藩主）

「忠臣蔵」で有名な赤穂藩主浅野長矩《ながのり》は、広島藩主浅野家の分家にあたる。浅野家の祖は豊臣秀吉に仕えた浅野長政で、公式には清和源氏土岐氏の庶流で美濃国土岐郡浅野村（岐阜県土岐市）がルーツとなっている。

美濃源氏の名門土岐光衡《みつひら》の子光行は、幕府の御家人であると同時に後鳥羽院の西院の武士でもあり、承久の乱では朝廷方について大井戸渡（岐阜県可児市）で鎌倉幕府軍と戦ったが、のちに許された。この光行の弟光時の子孫が浅野氏を称したという。

浅野長政もこの末裔であるとしているが、実際にはよくわからない。尾張国丹羽郡に浅野郷（愛知県一宮市浅野）という地名があり、ここがルーツではないかとも考えられる。もとも

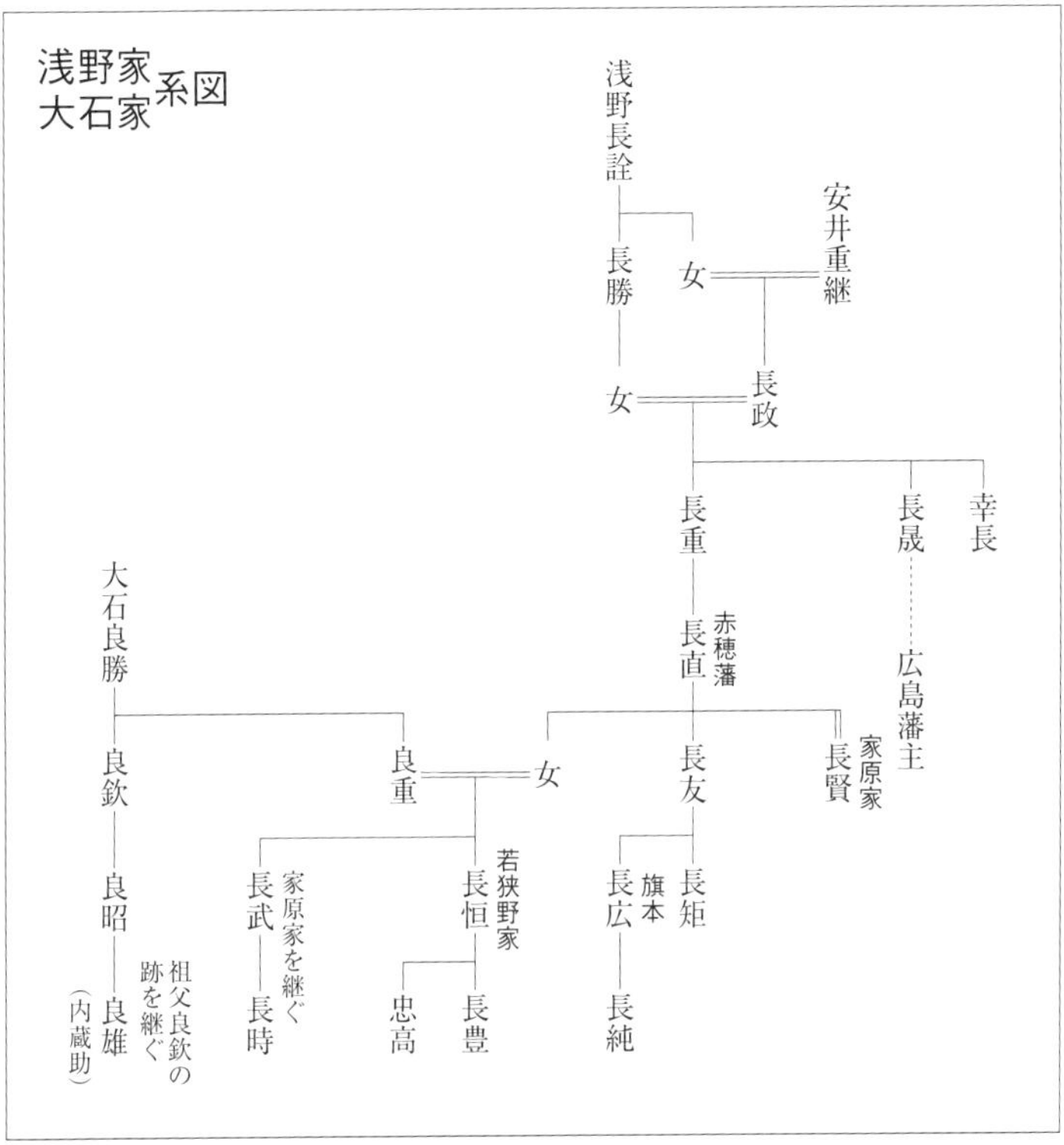

とは小土豪にすぎなかったが、長勝のときに織田信長に仕えたことで発展の足がかりを得た。婿養子の長政は信長のもとで豊臣秀吉と妻同士が姉妹だったことから、秀吉の出世にともなって累進し、のちに五奉行の一人に抜擢された。

秀吉の没後、長政は家督を長子の幸長に譲り、自らは引退して常陸に住んだ。関ヶ原合戦後、幸長は紀伊藩37万6500石の藩主に抜擢され、跡を継いだ弟の長晟《ながあきら》は徳川家康の娘を娶り、広島藩42万6

500石の藩主となった。

一方、長政の子長重は一家を興して常陸真壁藩を立藩。のちに常陸笠間を経て、正保2年（1645）長直のときに播磨赤穂に転封となった。長直の孫が赤穂事件を起こした浅野内匠守長矩である。元禄14年（1701）江戸城内での刃傷によって切腹しお家断絶となった。

長矩の弟で旗本となっていた大学長広は、兄の刃傷事件後広島藩に預けられていたが、宝永7年（1710）に500石で旗本として再興を許されている。

あまり知られていないが、赤穂浅野家には二家の分家があった。

旗本家原浅野家は、寛文11年（1671）に浅野長賢が赤穂藩から3500石を分知され、播磨国加東郡家原（加東市）に陣屋を置いたのが祖。二代目の長武は、系図上は大石内蔵助のいとこにあたる（内蔵助が祖父良欽の養子となったため）。弘化4年（1847）、同家は赤穂義士の150回忌を記念して領内の観音寺に四十七士の墓碑を建立している。

旗本若狭野浅野家は、長直の外孫の長恒が長直の養子となり、寛文11年（1671）新田3000石を分知されて、播磨国赤穂郡若狭野（相生市若狭野町）に陣屋を置いたのが祖。四代長致は駿府城代を務めている。

青山家（篠山藩主）

丹波篠山6万石の藩主青山家は、公家花山院《かざんいん》家の一族と伝えている。もとは上野国吾妻郡青山郷（群馬県吾妻郡中之条町青山）の出で、忠治のときに三河国碧海郡に移って松平親氏に仕えたという。

忠成は家康の小姓役を務め、やがて徳川秀忠の側近となって関東入国では江戸町奉行として5000石を知行した。忠成は、家康の鷹狩りの供をした際、家康から「見えるかぎりの土地を与える」といわれた。そこで、忠成は馬を走らせ、赤坂から渋谷に至る広大な土地を拝領したという。そのため、この地一帯は青山と呼ばれるようになった。現在の渋谷区青山の地名の由来である。

忠成は、常陸江戸崎藩1万5000石を立藩、のち2万5000石となった。その二男忠俊は元和元年（1615）老中となり、同6年（1620）には武蔵岩槻5万5000石に加増されたが、三代将軍家光にしばしば諌言《かんげん》したため、寛永2年（1625）に除封となった。同11年（1634）、長男宗俊が家光から許されて再出仕、正保5年（1648）に信濃小諸藩3万石で再び諸侯に列した。

以後各地を転々として、寛延元年（1748）に丹波篠山藩5万石に転じた。文政10年（1827）忠裕のときに6万石に加増された。

青山家は学問の奨励に熱心な大名であった。篠山藩二代目藩主の忠高は、藩士の中で学問を志す者が多くなったのを受けて、篠山藩校・振徳堂を創立した。維新後の明治4年（1871）、廃藩置県によって一旦閉校したが、同9年に旧藩主忠誠から「篠山で有為な人材の養成」を指示された安藤直紀（後の初代篠山町長）ら在郷の14名の有志によって、私立篠山中年学舎として再興された。これが、現在の県立篠山鳳鳴高校の前身である。

忠誠はさらに、明治8年（1875）から東京・赤坂表町の屋敷に故郷の優秀な学生を招いて住まわせていた。やがて学生数を増やして、住まわせた寮を尚志館《しょうしかん》と名づけ、故郷の優秀な人材の育成に努めた。以後、尚志館は代々受けつがれ、昭和に入ると代々木に転じている。しかし、青山家の私財だけでは続けることが困難となり、法人の育才会を設立。その後、対象者も兵庫県に拡大して「兵庫県学生寮　尚志館」として今日に至っている。

松平家（明石藩主）

松平家は将軍家の親戚にあたる家系だが、大きく二通りの松平家があった。一つは家康以前に分家した一族である。松平氏はもともと三河国加茂郡松平郷（愛知県豊田市松平町）をルーツとし、西三河一帯に広がった有力武士であった。『三河物語』などでは、清和源氏新田氏一族の得川義季の子孫が、諸国を流浪後に三河国松平郷の松平太郎左衛門尉の婿となったのが松平家の祖親氏《ちかうじ》であるというが、これには信憑性は全くない。

室町時代中期頃、三代信光は岩津城（愛知県岡崎市）を本拠とする傍ら、政所執事伊勢氏の被官でもあり、文明元年（１４６９）頃には安祥城（同安城市）も手中にし、「十八松平」といわれる多くの分家を周辺に出した。

この中から、安城城主の親忠が松平一族の惣領となり、徳川家康も安城家の出。桶狭間合戦で今川義元が討死したのをきっかけに独立、永禄５年（１５６２）織田信長と結んで三河を平定した。その後、家康は松平から徳川に改めたが、名字を変えたのは家康のみで、ほかの一族は松平のままだった。この家康以前の松平一族には、本拠とした三河の地名を冠して、竹谷松平、形原松平、大草松平、五井松平、深溝《ふこうず》松平、能見松平、丸根松平、牧内松平、長沢松平、矢田松平、宮石松平、福釜《ふかま》松平、東条松平、三木松平などといわれる。

もう一つの松平家は、江戸時代以降の分家である。家康は徳川に改めたが、家康以降に分家した一族も、尾張・紀伊・水戸の御三家と、清水・田安・一橋の御三卿以外は徳川を名乗らず松平を称した。江戸時代に明石藩の藩主だった松平家は、この家康以降の分家である。

明石藩松平家の祖は、家康の二男秀康。秀康は関ヶ原合戦後、越前北庄67万石に入封したが、元和9年（1623）忠直のときに改易された。遺領は忠直の弟忠昌が継ぎ、子孫はのちに福井藩主となっている。

寛永元年（1624）、秀康の六男直良は2万5000石を分知されて一家を興し、同12年（1635）越前勝山3万5000石の藩主となった。その後、越前大野5万石を経て、天和2年（1682）直明のときに播磨明石6万石に転じた。天保11年（1840）には十一代将軍家斉の子斉宣を養子に迎えて8万石となり、10万石の格式を与えられている。明治17年（1884）直徳のときに子爵となっている。

鴻池家と嘉納家

江戸時代の大坂を代表する豪商といえば鴻池家《こうのいけ》が有名。鴻池家の祖山中鹿介幸盛は出雲の戦国大名尼子氏の重臣で、毛利氏に敗れて主家が滅んだ後も、京都に逃れて尼子家再興に尽力した。結局、再興を果たせないまま備中松山城下で暗殺されたが、その波乱の生涯は小説の題材としてもよく取り上げられる。

鹿介の長男の新六（幸元）は、現在の伊丹市鴻池で大叔父にあたる山中信直に育てられ、やがて地元の名産であった濁酒の行商を始めるようになった。この屋敷には名字の由来となった鴻池という池があったという。上方の豪商鴻池家のルーツは伊丹市にあるのだ。

慶長5年（1600）頃、新六は清酒の醸造に成功。鴻池屋と号して大坂に店を構え、さらに伊丹や池田の銘酒を江戸に運ぶ海運業などにも進出した。豪商として知られた大坂今橋の鴻池家はこの分家で、新六の八男善右衛門が祖。代々善右衛門を名乗り、最盛期には実に全国の3分の1の藩が鴻池家から金を借りていたという。

鴻池家は金融業の傍ら新田開発も手がけた。大阪環状線京橋駅からJR学研都市線で4つめの鴻池新田駅周辺は、江戸中期に三代目善右衛門が大和川の付け替え工事によって広大な新田を開拓した場所で、その面積は200ヘクタールにもおよぶ。

明治以降、鴻池家は近代化に乗り遅れて大阪を中心とした地方財閥にとどまった。鴻池財閥の中心であった鴻池銀行は三和銀行となり、現在は三菱東京UFJ銀行となっている。

鴻池新六が開発したという清酒造りは各地に広まり、次々と酒造家が誕生した。

その本場は関西で、関西から江戸に送られる酒は「くだりもの」として珍重された。そうでないものは「くだらないもの」といわれ、今の「くだらない」という言葉の語源にもなっている。

その中でもとくに酒どころとして知られたのが、今津郷〈西宮市〉、東郷〈魚崎郷〉、中郷〈御影郷〉、西郷、下灘郷（以上神戸市）の、灘五郷といわれる地域である。この地域では上質の酒米と水があり、さらに輸送に便利な湊もあったことから酒どころとして栄えた。この灘五郷を代表する酒造家の名家が嘉納家である。

嘉納家は御影村の酒造家。御影沢の井の水で酒を造り、これを後醍醐天皇に献上したところ、天皇が嘉納（献上品を受け取ること）したため「嘉納」の名字を賜ったと伝える。本嘉

白鶴美術館（新館）

納といわれる本家は、もともとは廻船業や網元などをしていたが、万治２年（１６５９）に祖治郎太夫宗徳が副業として酒造りを始め、中期には酒造業に専念した。維新後、八代目治郎右衛門が現在の基礎を築いた。また、同家は名門進学校灘校の創立者としても知られる。

寛保３年（１７４３）には分家の白嘉納家が酒造業を開始、延享４年（１７４７）清酒「白鶴」が誕生した。昭和９年には七代目治兵衛が国宝２件、重要文化財22件を所蔵する白鶴美術館を創立している。

柔道の〝総本山〟講道館の創設者嘉納治五郎も一族である。

二つの千年家

旧家と呼ばれる民家は全国に多数あるが、それらの多くは江戸時代後期から明治時代初期に建てられたものである。それでもすでに百数十年の歳月が経過しており充分古いのだが、中には建てられて数百年単位という、極めて古い民家もある。こうした家を、千年続く家という意味で、「千年家」と呼ぶことがある。

「千年家」は全国にいくつかあるが、箱木千年家、古井千年家、横大路千年家の3つがとくに有名で、このうち、箱木千年家と古井千年家はともに兵庫県内にある（横大路家は福岡県）。

箱木千年家は摂津国八部郡山田荘衙原村（神戸市北区山田町）の旧家。箱木家はもともと武士で、戦国時代は山田荘の国人で別所氏に属していた。江戸時代には帰農して代々庄屋を務めていた。上棟のことを記した大同元年（806）3月11日の文書があり、江戸時代からすでに「千年家」と呼ばれていた。昭和42年に国の重要文化財に指定されている。見学も

古井千年家

可能。
一方、古井千年家は、播磨国宍粟郡皆河村（姫路市安富町皆河）の旧家で、実際には室町時代後期の建築と推定される。従って千年はたっていないが、少なくとも500年以上であることは間違いない。
古井千年家も、昭和42年に国の重要文化財に指定された。この家の床下には亀石という大きな岩があり、厄除けとして祀られている。過去何度かの火難の際には、この亀石が水を吹き出して家を守ったという伝説がある。現在は千年家公園として一般公開されている。

珍しい名字

日本には10万以上もの名字があり、中には珍しい名字もたくさんある。テレビや雑誌などで紹介される極めて珍しい名字には、実際には存在しない架空の名字が混じっていることもあるが、本当に驚くような名字が存在することも事実である。

ただし、「珍しい名字」を規定するのは難しい。たとえば、「阿比留」という名字がある。これで「あびる」と読むもので、大多数の人は珍しいと感じるだろうが、実は長崎県の対馬では島で一番多い名字。同地では別に珍しい名字ではないのだ。

つまり、「珍しい」という感覚は、かなりの部分地域性に左右される。たとえば、兵庫県の名字でも「三枝《みえだ》」は他県で珍しいと言われる。「三枝」は県内では3分の2が「みえだ」だが、兵庫県以外では「三枝」は「さえぐさ」か「さいぐさ」と読むことが圧倒的に多いのだ。姫路市付近に多い「田路《とうじ》」も、他県ではまず正しく読んでもらえない。

ここでは、こうした地域性を踏まえつつ、いかにも兵庫県らしい珍しい名字をいくつか紹介したい。

地名由来のもの

名字のルーツの大多数は地名である。従って、難読の地名があると、難読の名字が生まれることが多い。沖縄の名字が独特なのは、沖縄の地名が琉球語に由来する独特のものだからだ。地元では普通に誰でも読むことができても、他県に行くと難読の名字となってしまう。こういう例は全国に多数あり、県外に移住すると、名字の読み方を変えてしまうこともある。

県内の地名をルーツとする珍しい名字には、「芥田《あくた》」「網干《あぼし》」「出石《いずし》」「猪名川《いながわ》」「魚崎《うおざき》」「有《う》年《ね》」「置塩《おきしお》」「加集《かしゅう》」「神吉《かんき》」「杭瀬《くいせ》」「上月《こうづき》」「佐用《さよう》」「田結庄《たいのしょう》」「田公《たきみ》」「炬口《たけのくち》」「波々伯部《ははかべ》」（ほうかべとも）「枚田《ひらた》」「三木田《みきた》」「妻鹿《めが》」「依藤《よりふじ》」などがある。

古語に由来するもの

名字ができたのは、平安時代後期から室町時代にかけてが多い。そのため、名字のルーツとなったのは、当時使われていた言葉である。

たとえば「乾《いぬい》」という名字は、当時の北西を指す言葉から生まれている。「鉄《くろがね》」「台《うてな》」なども今では読むことが難しいが、古語としては普通の読み方だったものだ。
また、方言などその地方ならではの言葉に由来するものもある。

名字の一部が変化したもの

名字は、誕生してからすでに千年以上経過しているものも多い。そのため、代々使われていくうちに、一部が変化したり、欠落したりしたものがある。

有名なものでは、「服部」という名字は、「服織部《はたおりべ》」から、中間の「織」が欠落し、さらに発音が変化して、漢字と読み方が対応しなくなったものである。県内にある「紡車《つむ》」も、紡《つ》錘車《むぐるま》に由来する超難読名字だ。

意識的に変えたもの

名字の中には、元の名字を意識に変えたというものもある。とくに本家と分家で漢字を微妙に変えたり、同じような意味の別の漢字にするということは全国各地で見られた。なかには漢字の一部を省略したものもあるほか、大胆な発想で変化させ、まるでトンチのような名字も存在する。

特別な由来があるもの

珍しい名字には、どうしてそうなったかの由来を今に伝えているものもある。たとえば、京都・貴船神社の舌家《ぜつ》は、神様によって舌を裂かれたという伝説が伝わっている。

県内にある珍しい名字

阡陌▼せんぱく

神戸市にある名字。東西の路を「阡」、南北の路を「陌」といい（阡が南北で、陌が東西という説もある）、合わせて道が縦横に走っていること、或いはその交差する場所などを指すとされる。「巷《ちまた》」という言葉に近いものだ。おそらく、先祖が市中に住んだことに由来するものだろう。

岨・曽輪・楚輪▼そわ

淡路島と神戸市を中心に関西に広がる名字。「岨」とは崖が切り立っているところを意味する言葉で、「そば」と読むことが多い。名字では「そわ」と読み、いろいろな漢字をあてた「そわ」がある。

紡車▼つむ

漢字と読み方が対応していない極めて難読の名字。布をつくるために繊維に撚りをかける道具を紡錘《つむ》といい、弥生時代の遺跡からも発掘されている。この紡錘は、円形に穴のあいた「紡錘車」と、その穴に通す「紡茎」からできている。表記は中央の「錘」が落ち、読みは先頭の「つむ」のみが残ったものとみられる。なお、大阪府には「紡車田《つむた》」という名字もある。

栗花落▼つゆ・つゆり

兵庫県を代表する難読名字で、テレビや雑誌などで取り上げられることも多い。摂津国八部郡原野村（神戸市北区）に中世から見られる名字。栗の花が落ちるころに梅雨に入るので本来は「つゆいり」と読んだとみられる。現在も神戸市と小豆島の土庄町にある。本家は「つゆ」、分家が「つゆり」と読む。

田▼でん

丹波の旧家・田家は、坂上田村麻呂の子孫という田村忠助が、名字の「田村」を省略して「田」と名乗ったのが祖という。戦国時代に丹波国氷上郡柏原（兵庫県丹波市）に移り、のち帰農した。江戸初期の女流俳人田捨女《でんすてじょ》や、明治時代の政治家田健治郎《でんけんじろう》、戦後の政治家田英夫《でんひでお》らは一族。

能年▼のうねん

女優能年玲奈で有名になった名字。ルーツは姫路内にあった南畝村で、これで「のうねん」と読んだ。しかし、「南畝」で「のうねん」と読むのは難しいため、読み方に合わせて「能年」と変えたものとみられる。

波々伯部▼ははかべ・ほうかべ

丹波国多紀郡波々伯部保（篠山市）をルーツとする名字。同地の開発領主で、鎌倉初期の承久年間から同地に波々伯部氏がいたことが知られている。戦国時代に細川氏に従い、江戸時代は熊本藩士となった。また、篠山市の波々伯部神社は現在では「ほうかべ」と読み、名字も「ははかべ」と「ほうかべ」に分かれる。

紫合▼ゆうだ

これも知らない限りは絶対に読めない名字の一つ。川辺郡猪名川町の地名をルーツとする名字で「ゆうだ」と読む。地名のルーツは同地区の西鏡寺の境内にあった松の大木。この松にはいつも紫色の雲が重なりあって漂い、「紫雲の松」と呼ばれ、やがて地名も「夕田」から「紫合」と書かれるようになったという。

難読名字の中には、どうしてそう読むのか、今では全く理解できないものもある。当初はきちんとした由来があったのだろうが、時を経るうちに由来の部分が忘れ去られてしまったものだと思われる。珍しい名字には必ず由来がある。地名や古語に由来するものであれば、あとから由来を類推することができるが、先祖の体験などに基づく名字の場合は、その家にしか由来が伝わらない。伝承が途中で途切れてしまうと、由来を調べるのは困難になってしまう。

五章

兵庫県の名字小事典

あ

藍▼あい

日本人の名字を50音順に並べた際、先頭になるのは「あ」では「あい」である。「あい」という名字には色々な漢字があてられるが、その中の一つに「藍」があり、摂津国の古代豪族に中臣氏の一族という藍氏がいた。

戦国時代には藍岡山城（三田市）の城主が藍氏で、嘉吉の乱で自刃した赤松氏の一族と伝える。三代にわたって藍岡山城に拠ったが、藍出雲守房清のときに荒木村重に敗れて落城した。森鼻氏は末裔であるといわれる。現在は尼崎市などにある。

阿江▼あえ

兵庫県独特の名字で、全国の7割以上が県内にある。県内でも大半が西脇市と加東市に集中しており、加東市の旧滝野町では第5位の名字だった。

赤松氏の一族で、もとは阿閇と書いた。播磨町付近は、かつて阿閇荘と呼ばれ、現在も阿閇神社がある。阿閇重兼は天正6年（1578）別所長治に従って三木城に籠城、開城後は加東郡河高村（加東市）で帰農した。子正友（与助）は、その子九郎兵衛とともに姫路城主木下家定の命で加古川を開鑿し、加古川の水運を開いた。以後、代々滝野舟座を管理した。

青木▼あおき

地名由来の名字で、ルーツは全国にある。摂津麻田藩主の青木家は武蔵国をルーツとする丹《たん》党の一族と伝える。県内では丹波市に集中している。県順位92位。

青田▼あおた

兵庫県と福島県に集中している名字。県内では姫路市と神崎郡に半数以上が集中している。昭和のプロ野球名選手青田昇は三木市の生まれ。

青山▼あおやま

篠山藩主の青山家（→143ページ参照）が有名だが、摂津三田藩士にも青山家があった。もとは志摩国答志郡の国人で、南北朝時代から和具城（三重県志摩市志摩町）に拠った。久紹が九鬼嘉隆の木津川河口の戦いの際に織田信長の命で仕えた。江戸時代は三田藩士となる。

洋画家青山熊治は朝来市口銀谷の生まれ。帝展特選となった「高原」が著名。県内にはまんべんなく分布するが、比較的阪神地区や豊岡市に多い。県順位295位。

赤井▼あかい

関西と鳥取県に多い名字。県内では丹波地区に集中している。

丹波には戦国大名の赤井氏があった。丹波国氷上郡赤井村（丹波市青垣町）がルーツで、清和源氏芦田氏の一族。建保3年（1215）為家が父朝家から赤井野を分けられ、赤井野の南山ふもとの後屋に城を築いて赤井氏を名乗ったのが祖。戦国時代には丹波の有力国人となっており、守護細川氏の重臣でもあった。細川氏の没落後、庶流で荻野氏を継いでいた直正が黒井城に拠って赤井一族を統括し、丹波を代表する戦国大名に成長した。

天正6年（1578）直正が病死、翌7年に明智光秀に敗れて落城した。江戸時代は旗本となった。

明石▼あかし

西日本と秋田県に多い名字で、播磨国明石郡明石郷（明石市）をルーツとするものが多い。播磨の明石氏は、赤松氏の一族という宗安が天文年間（1532〜1555）に明石郡を領して明石氏を称したのが祖。宗安の子清景のときに備前国和気郡に移り、坂根城（岡山県備前市坂根）に拠った。のち宇喜多氏に仕えて2万石を領したが、明石全登《たけのり》が関ヶ原合戦で西軍に属して改易。大坂の陣でも大坂方に与している。江戸時代は庄屋となって武元氏と称し、明治維新後に明石氏に復した。

このほか、豊臣秀吉に仕えて但馬豊岡で1万石を領した明石氏や、播磨国明石郡枝吉城（神戸市西区枝吉）城主の明石氏も同族。

赤松▼あかまつ

関西から山陽・北四国に広がる名字で、播磨国赤穂郡赤松（赤穂郡上郡町赤松）がルーツ。室町時代の四職の一だった赤松氏が著名（→128ページ）。県順位152位。

芥田▼あくた

播磨国姫路に旧家の芥田家がある。飾磨郡芥田（姫路市）がルーツで、清和源氏新田氏の支流で世良田氏の一族という。南北朝時代に新田義貞に従って播磨に入り、芥田村に住んで芥田氏を称した。のち同郡野里の鋳物師の棟梁となって室町時代には鋳物市場を独占。家久は将軍足利義輝のお声がかりで、「芥田」の読みを「けた」から「あくた」に変えたという。江戸時代は姫路町の大年寄となった。現在は県内には少ない。

朝来 ▼ あさご

但馬国朝来郡朝来郷（朝来市山東町）の古代豪族に朝来氏があった。火明命の子孫という。現在は県内に点在する。

芦田 ▼ あしだ

丹波地方の名字で、丹波市と京都府福知山市に激しく集中している。

丹波には戦国大名の芦田氏があり、丹波国氷上郡芦田（丹波市青垣町）発祥とも、信濃国佐久郡芦田郷（長野県北佐久郡立科町芦田）をルーツとする信濃芦田氏の一族が来国したともいう。小室城（東芦田城）に拠り、戦国末期、芦田国住は赤井氏に属して織田方の明智光秀の丹波侵攻と戦っていたが、但馬から入ってきた羽柴秀長に攻められて落城した。

県順位171位。子役として活躍している芦田愛菜は西宮市の出身である。

東 ▼ あずま

「東」は読み方が「あずま」と「ひがし」に分かれ、全国的には「ひがし」が多いが、県内では71％が「あずま」と読む。県順位164位。

安宅 ▼ あたか・あたぎ

尼崎市や淡路島に多い。

関西や北陸に多い名字で、県内では淡路と阪神地区に多い。ルーツは紀伊国牟婁郡安宅荘（和歌山県西牟婁郡白浜町）で橘姓という。

正平5年（1350）足利義詮の命で淡路島の海賊を討ち、以後由良城（洲本市由良町）に拠って水軍を率いた。室町時代には淡路一国をほぼ支配していた。戦国時代には三好長慶の弟の冬康を養子に迎えて三好一族に連なり、大阪湾の制海権を握って畿内に大きな力を持った。天正9年（1581）清康のとき羽柴（豊臣）秀吉に降って没落した。

現在では「あたか」と読むが、本来は「あたぎ」と読んだ。なお、北陸の安宅は石川県内の地名がルーツである。

阿部▼あべ

古代豪族安倍氏の末裔で「安部」「安倍」などと同族。「あべ」と読む名字の中では最も数が多い。全国順位は23位と上位だが、東日本に集中しており、新潟県を含む東北以北では青森県をのぞいてすべて11位以内に入っている。一方西日本ではあまり多くなく、県順位も136位。淡路島から阪神地区に集中しており、旧南淡町（南あわじ市）では最多の名字となっていた。

英保▼あぼ

播磨地方の名字で、姫路市や宍粟市にある。播磨国飾磨郡英保郷（姫路市）がルーツ。中原姓で、同地の地頭を務めていた。室町時代には赤松氏に属し、美作守護代も務めた。

阿万▼あま

淡路国三原郡阿万荘（南あわじ市）がルーツで、水軍を率いた。南北朝時代、南朝方の武士に阿万六郎左衛門尉の名がみえる。現在でも南あわじ市に多い。

綾部▼あやべ

朝来市と太子町に多い。朝来市生野町口銀谷には旧家の綾部家がある。江戸時代末期に建てられた同家住宅は国登録有形文化財である。なお、全国的には九州北部と関東地方に多い。

新井▼あらい

関東地方に多い名字。県内では姫路市から阪神地方にかけて多い。新しくできた水汲み場に由来する。

県内では出石藩士出身で男爵となった新井家がある。上田藩主だった仙石家に仕え、その但馬出石転封で出石藩士となった。維新後、晴簡が陸軍中将となり、明治40年（1907）子清一が男爵を授けられた。洋画家新井完は姫路市の生まれである。

荒木▼あらき

摂津の戦国大名荒木氏は丹波国天田郡荒木（京都府福知山市堀荒木）発祥か。藤原北家秀郷流波多野氏の一族で、伊丹城に拠った伊丹荒木氏と、摂津花隈城に拠った花隈荒木氏の二流がある。

伊丹荒木氏は、村重が茨木城主となると、槙島城で挙兵した足利義昭を討って信長から摂津一国の支配を認められた。天正2年（1574）には伊丹城主伊丹忠親を滅ぼして伊丹城に拠り、同城を有岡城と改称。天正6年（1578）信長に叛き、本能寺の変後は堺に住んで茶の宗匠となっている。

一方花隈城の荒木元清は馬術家として知られ荒木流を興した。江戸時代は旗本となっている。

但馬出石藩家老にも荒木家があった。慶長年間に重勝が仙石忠政に仕えたのが祖で、恒重のとき上田藩最高の1700石となって家老（大老）に就任、出石転封後も代々家老を務めた。

現在、県内順位は123位で、姫路市以東に多い。とくに旧市島町（丹波市）と旧家島町（姫路市）に集中している。

有田▼ありた

播磨国多可郡の野間城（多可郡多可町八千代区）城主に有田氏がいた。村上源氏赤松氏の庶流で「在田」とも書く。戦国時代に落城したが、落城年には諸説あり不詳。現在も多可町に多い。

有馬▼ありま

地名由来の名字で各地にルーツがあるが、県内では摂津国有馬郡有馬（神戸市北区）をルーツとする有馬氏がある。赤松氏の一族で、義祐が有馬荘の地頭となって有馬氏を称したのが祖。室町時代は足利将軍家の近習を務めた。戦国時代、三好氏が台頭すると三好氏に従い、織田信長の上洛後は信長に仕えた。嫡流は滅亡したが、庶流の出の則頼が織田信長、豊臣秀吉に仕え、元和6年（1620）筑後久留米藩21万石の藩主となった。現在は県内に広く分布している。

い

生島▼いくしま

摂津国川辺郡生島荘（尼崎市）をルーツとする名字。地下官人の生島家は桓武平氏。平経正の子源勝が生島氏を称し、代々桂宮家に仕えた。家格は諸大夫だが、江戸中期に永盛・秀清、後期に儀重・宣由は公卿となっている。旗本の生島家も同族であるという。

また、摂津国八部郡神戸村（神戸市中央区）の旧家にも生島家があった。代々四郎太夫を称して庄屋を務めたほか、松屋と号して酒造業を営み、廻船問屋も兼ねていた。八代目四郎太夫の別邸は、幕府の海軍操練所建設の際に、勝海舟が住んでいたことで知られる。現在も阪神地区に多い。

生駒▼いこま

関西・東海地方の名字。丹波柏原藩家老の生駒家は、宇多源氏で六角定頼の長男義賢の末裔と伝える。義賢の子で大和の安王寺で僧となっていた高一が還俗して織田信雄に仕え、その子高勝が信雄の妻の実家生駒氏の名字を賜ったという。江戸時代は代々柏原藩家老を務めた。

摂津国兵庫津（神戸市兵庫区）には豪商生駒家があった。本家と別家二家があり、石屋と号して兵庫津魚棚町で煙草仲買や青莚商を営んだ。

石井▼いしい

「石井」は各地に地名があり地名由来であることも多いが、本来的には「石の多い井（水汲み場）」による地形由来の名字である。現在は全国に広く分布しているが東日本に多く、比較的南関東に目立つ。西日本では瀬戸内海沿岸に多い。県順位は71位。まんべんなく分布している。

石上▼いしがみ

古代豪族石上《いそのかみ》氏の子孫か。東海から関東南部にかけて多く、とくに静岡県中部に集中している。県内では淡路島に多く、淡路市の旧一宮町では最多の名字だった。

石川▼いしかわ

地名由来の名字で、河内国石川郡（大阪府羽曳野市）発祥の石川氏や、陸奥国石川郡（福島県）の石川氏（ともに清和源氏）が著名だが、このほかにも各地の石川地名をルーツとする一族がある。

現在は、沖縄も含めて全国にまんべんなく広く分布しており、全国32都道府県でベスト100に入っているが、どちらかといえば東日本に多い。県順位は137位。姫路市から阪神地区にかけて多い。

石束▼いしづか

但馬豊岡藩家老に石束家があった。家禄は当初1200石だが、のち500石となった。赤穂藩家老大石内蔵助の妻りくの実家として知られる。りくの甥源五右衛門も家老を務めたが、その子万蔵が早世して断絶した。現在県内には少なく、京都府舞鶴市などにある。

石原▼いしはら

地名由来の名字で各地にルーツがある。播磨の石原氏は多可郡石原（西脇市）発祥か。県内に広く分布している。県順位102位。

出石▼いずし

西日本一帯に広がる名字。但馬国出石郡出石郷（豊岡市出石町）の古代豪族に出石氏があった。天日槍の子孫という。鎌倉時代には出石郷穴見郷の地頭を務めている。

伊丹▼いたみ

関西から四国東部にかけてと、新潟県に多い名字。江戸時代初期に甲斐徳美藩主を務めた伊丹家は藤原北家利仁流で、加藤氏の一族という。摂津国川辺郡伊丹荘（伊丹市）がルーツ。伊丹城に拠り、室町初期から国人領主として活躍した。雅興（元扶）のとき落城、遺児康直は上野国に逃れ、のち徳川家康に仕えた。その子康勝は寛永10年（1633）諸侯に列して甲斐徳美藩（山梨県甲州市塩山）1万2000石を立藩。元禄11年（1698）四代勝守が自害して断絶した。一族は旗本として続いている。

糸井▼いとい

但馬国養父郡糸井（朝来市和田山町）発祥の名字。日下部姓。現在は京都府北部に集中している。県内では阪神地区に多い。

稲田▼いなだ

徳島藩領だった淡路国は、同藩家老の稲田家が城代として治めていた。尾張国（愛知県）の出で稙元のとき蜂須賀正勝に仕え、天正13年（1585）の蜂須賀家の阿波入国に従って家老となり、その子示稙のときに淡路洲本城代となった。以後代々九郎兵衛を称して洲本城代兼徳島藩家老を務め、1万4000石を領した。

幕末、邦植は討幕派として活躍、佐幕派の徳島藩と対立した。維新後の稲田家独立を目指した動きに対して、明治3年（1870）に徳島藩士が稲田家を襲撃（庚午事変）、これを機に淡路島は兵庫県に編入され、稲田家は北海道静内（新ひだか町静内）に移住した。同26年（1893）邦植のとき男爵となっている。

稲津▼いなづ

朝来市和田山町周辺に多い名字。但馬国養父郡稲津（兵庫県）発祥。日下部俊宗の子光家が稲津氏を称したのが祖。

稲次 ▼ いなつぐ

久留米藩家老の稲次家は、丹波国氷上郡葛野村稲次（丹波市氷上町）発祥である。初代稲次壱岐は、はじめ別所長治を経て、横須賀城（静岡県掛川市）城主渡瀬左衛門の家老となったが、関白秀次に連座して改易、その後有馬豊氏に仕えた。関ヶ原合戦で横山監物を討って名をあげ、豊氏の丹波福知山転封に際して家老となった。久留米藩移封後も代々家老を務めた。現在も丹波市氷上町に集中している。

猪子 ▼ いのこ

但馬豊岡藩重臣に猪子家があった。幕末に藩論を尊王にまとめた家老猪子清が著名。その長男止戈《しか》之助《のすけ》は外科医で京都帝国大学病院初代院長として知られる。その長男一到《かずゆき》は実業家で、プロ野球・パリーグの総裁も務めた。「猪子家文書」が兵庫県公館県政資料館に収蔵されている。

今井 ▼ いまい

「今井」とは、新しくできた水汲み場という意味で、各地にルーツがある。現在は岐阜県を中心に、関西から関東にかけての地域に広く分布している。なかでも最も著名なのが、源義仲の四天王・今井兼平である。美濃の今井氏など、各地の今井氏はこの末裔と伝えるものが多い。県順位は96位。県北部の但馬地区に多い。

岩崎 ▼ いわさき

地名由来の名字。県単位では熊本県の48位が最高だが、全国18都府県でベスト１００に入っているなど、沖縄県と秋田県を除き全国にまんべんなく分布している。県順位は99位で、播磨東部に多い。

岩本 ▼ いわもと

沖縄と東北以外に広く分布している名字で、どちらかというと西日本に多い。県順位は90位で北部に多く、旧城崎町（豊岡市）では最多の名字だった。

う

植田 ▼ うえだ

西日本から東海地方にかけての名字で、奈良県に最も多い。県順位は１１７位。宍粟市や豊岡市に多い。

上野▼うえの

　地名由来の名字で各地にある。ベスト50に入っているのは5県にすぎないが、東西を問わず20道府県でベスト100に入っているなど、沖縄以外に全国に広く分布している。県順位は113位。県内でもまんべんなく分布している。

明治時代の朝日新聞社主上野理一は篠山市の生糸商の生まれである。

魚住▼うおずみ

　播磨国明石郡魚住荘（明石市魚住）をルーツとする名字。同荘の国人魚住氏は大中臣姓で、南北朝時代に魚住城を築城し、赤松氏に属した。康正2年（1456）12月、嘉吉の乱で滅んだ赤松氏を再興するために大和国吉野の南朝攻撃に赴いたなかに魚住彦四郎・主計亮がみえるほか、応仁元年（1467）には山名方として兵を率い上京して来た魚住長秀が、大内政弘と摂津で戦って討死するなど、室町時代も播磨を代表する国人の一人であった。戦国時代は魚住城に拠って、三木別所氏に従ったが、天正8年（1580）吉治のとき別所氏とともに滅亡した。

　現在は明石市から三木市にかけてと淡路市にあり、明治時代に山田川疏水を開鑿した魚住逸治は稲美町の生まれである。

内海▼うつみ

　地形由来の名字。「内海」とは陸地に囲まれた海のことで、こうした場所に因む地形由来の名字と、内海地名によるものがある。各地にあるが、とくに宮城県、兵庫県、広島県に多い。県内では姫路市とたつの市に集中している。

　なお、西日本ではほとんどが「うつみ」だが、関東では「うちうみ」、宮城県では「うちみ」と読むことも多い。とくに千葉県では8割近くが「うちうみ」である。県内順位174位。

宇野▼うの

　地名由来の名字で各地にルーツがあるが、播磨国の宇野氏は佐用郡宇野郷（佐用郡佐用町）発祥で赤松氏の一族。『太平記』には赤松則村を助けて活躍する宇野宗清の名がみえる。南北朝時代は播磨守護代を務めた。応仁の乱後長水城（宍粟市）城主となるが、天正8年（1580）の三木城落城後も、宇野民部は織田信長に従わなかったため、信長の命を受けた羽柴（豊臣）秀吉に攻められて落城した。現在は西脇市や新温泉町に多い。

浦上▼うらかみ

姫路市と神河町に集中している名字。戦国時代、播磨・備前の大名に浦上氏があった。揖保郡浦上荘（たつの市揖保町）発祥で、紀長谷雄の末裔と伝えるが不詳。建武政権では為景が浦上荘の地頭職を得ている。南北朝時代には赤松氏のもとで備前守護代を務め、宗隆のときに備前守護赤松則祐の命で三石城（岡山県備前市三石）に移ったという。

以後三石城を本拠に備前東部に勢力を持ち、文亀2年（1502）に一族から宗家を継いだ村宗は、守護赤松義村のもとで備前・美作・播磨を実質的に支配するなど赤松氏を凌ぐ力を持った。

村宗の子の代に分裂、長男政宗は播磨室津（たつの市御津町）に移って赤松氏と結び、二男宗景は赤松氏から独立して備前の戦国大名となった。その後、室津の惣領家が滅亡したことから、宗景はその遺領を併呑、天文2年（1533）には天神山城（和気郡和気町）を築城した。以後、一時は美作・播磨までその勢力を広げたものの、家臣の宇喜多直家に敗れて落城した。

え

榎本▼えのもと

地名由来の名字で各地にある。紀伊半島、関東南部、山形県などに多い。和歌山県では26位となっているほか、三重県の東紀州地区にも集中しており、榎本氏には紀伊半島がルーツであるというものが多い。県内では淡路島に多く、旧三原町（南あわじ市）では最多の名字だった。

海老名▼えびな

相模国高座郡海老名（神奈川県海老名市）発祥。村上源氏の源有兼が横山党と姻戚関係を結び、同党の季兼を養子とした。季兼は海老名に住んで海老名氏を称した。このため、ルーツは村上源氏とも横山党（小野姓）ともいわれる。

この一族の家季が、長治元年（1104）播磨国那波（相生市）に移り、以後下司を務めた。承久の乱後は実質的に矢野荘を領した。南北朝時代は赤松氏に属した。江戸時代は帰農し、大庄屋となっている。現在、県内では少ない。

お

淡河▼おうご・おごう

播磨国美嚢郡の国人に淡河氏がいた。北条時房の孫時治が同郡淡河荘（神戸市北区淡河町）を領して淡河氏を称したのが祖。戦国時代は国人として淡河城に拠り、別所氏に属した。天正7年（1579）落城した。本来は「おうご」だが、現在は「おごう」と読み、神戸市付近にある。

大石▼おおいし

「忠臣蔵」で有名な赤穂藩筆頭家老。近江国栗太郡大石荘（滋賀県大津市）発祥で、藤原北家秀郷流。嫡流のほかに、中家、東家、新家と3つの分家があり、内蔵助は東家の子孫にあたる。

大河原▼おおかわら

播磨国宍粟郡の国人。武蔵国秩父郡大河原（埼玉県秩父郡東秩父村）発祥。丹党の一族で、中村時経の子時季が大河原氏を称したのが祖。のち中村氏に従って播磨国宍粟郡三方西（宍粟市波賀町）に移住した。戦国時代は千草城（宍粟市千種町）に拠って赤松氏に従っている。現在は阪神地区に多い。

太田▼おおた

地名由来の名字で各地にあるが、県内では但馬国出石郡太田荘（豊岡市）をルーツとする太田氏がある。大江氏の庶流。常陸坊昌明が源頼朝に仕えて太田荘を賜り、太田氏を称したのが祖。承久の乱後但馬守護も務めている。現在も但馬から播磨北部にかけて多い。県順位75位。

太田垣▼おおたがき

兵庫県北部独特の名字。但馬国朝来郡には古くから太田垣氏がおり、但馬国造日下部氏の子孫という。南北朝時代頃から活動がみえ、室町時代には竹田城（朝来市和田山）に拠って山名氏の被官となり、山名四天王の一つといわれ、備後守護代や但馬守護代を務めた。戦国時代には生野銀山を支配していた。天正5年（1577）羽柴（豊臣）秀吉に攻められて落城、以後はよくわからない。
江戸時代の山名家の家臣に一族と見られる太田垣家がある。また、関西電力の初代社長を務めた太田垣士郎は豊岡市城崎の生まれである。

大谷▼おおたに
地形由来の名字で、沖縄以外に広く分布しているが、東北と九州南部には少ない。どちらかというと西日本に多く、とくに島根県の石見地方や和歌山県北部に集中している。県順位は86位で、丹波地区以外に広く分布している。

大塚▼おおつか
地形由来の名字。「塚」とは地面の盛り上がっているところを意味することから、「大塚」は大きく地面が盛り上がっている場所を指す。こうした場所は古墳であることも多く、また地名になっているところも多い。関東地方と九州に多く、ともに古墳の多い地域である。県順位は142位。姫路市付近に集中しており、旧香寺町では2位の名字だった。

大槻▼おおつき
丹波地区を代表する名字で、とくに京都府側には古くから大槻氏がいた。県内では丹波市に集中している。

大歳▼おおとし
兵庫県と広島県にある名字で、県内では加古川市付近と淡路島北部に多い。播磨国加古郡新野辺村（加古川市別府町）には旧家の大歳家がある。江戸時代は代々新野辺村の庄屋で、幕末には姫路藩の大庄屋も務めた。同家住宅は国の登録有形文化財であるほか、1000点に及ぶ「大歳家文書」を伝える。

大野▼おおの
地名由来の名字。大野地名は各地にあり、山城国愛宕郡大野郷（京都市北区）をルーツとする古代豪族の大野氏など、各地の地名をルーツとする大野氏がある。現在では関東、東海、四国に多い。県順位は130位で、とくに姫路市に多い。

岡▼おか
地形由来の名字で各地にあるが、とくに中国・四国地方に多い。また大和国高市郡岡（奈良県高市郡明日香村岡）をルーツとする古代豪族の岡氏など、地名由来のものも多い。県順位は118位。養父市や淡路島などに多い。

小笠原▼おがさわら

甲斐国巨摩郡小笠原（山梨県南アルプス市）発祥で、清和源氏。加賀美遠光の二男長清が小笠原に住んで小笠原氏を称したのが祖。東北、東海、四国などに多い。

小笠原氏には松尾家と深志家という二つの流れがあり、播磨安志藩主の小笠原家は深志家の小倉藩主の分家にあたる。播磨明石藩時代の忠真の甥長次が、寛永3年（1626）播磨龍野6万石を賜って分家したのが祖。

その後、豊前中津8万石に加転したが、一旦領地を没収され、享保2年（1717）に播磨国宍粟・佐用・赤穂3郡1万石で再興、宍粟郡安志谷に陣屋を置いて安志藩1万石となった。明治17年（1884）貞孚のとき子爵となる。

小川▼おがわ

地名や地形に由来する名字で、沖縄を除いて全国にまんべんなく分布している。全国41都道府県でベスト100に入っており、とくに集中している地域はないが、千葉県で15位となっているなど比較的南関東に多い。県内でもまんべんなく分布している。

小河▼おがわ

播磨国飾磨郡小河（姫路市）発祥で、在庁官人の末裔。室町時代に赤松氏の被官となって目代職を務めた。永享元年（1429）の播磨土一揆後で一旦失脚したが、のちに復活して納所職となっている。現在も播磨西部に多い。

荻野▼おぎの

丹波地区の名字。氷上郡には古くから国人荻野氏がいた。「荻野氏系図」では宇多源氏としているが、丹波の戦国大名芦田氏の一族ともみられ不詳。元弘3年（1333）荻野尾張守朝忠は後醍醐天皇に与し、のち足利尊氏に属して丹波国で重きをなしたが、国人層の離反で没落したという。室町時代は幕府の奉公衆を務め、細川氏の被官でもあった。

戦国時代には赤井氏に属し、朝日城荻野氏と、黒井城荻野氏に分かれていた。天文11年（1542）赤井時家の二男直正が朝日城荻野氏を継ぎ、同23年（1554）には叔父にあたる黒井城の荻野秋清を殺して荻野氏を統一。さらに兄の赤井家清が死ぬと赤井家も合わせて、赤井直正となった。県順位147位。

奥田▼おくだ

奥の方にある田という意味の方位由来の名字で各地にある。奈良県を中心に、中国地方から岐阜県にかけての範囲に多く、とくに奈良市付近や岐阜市付近に集中している。県順位は133位。とくに但馬地区と淡路島に多い。

奥藤▼おくとう

播磨国赤穂郡坂越村（赤穂市坂越）に豪商奥藤家があった。皇極天皇3年（644）秦河勝が蘇我入鹿に追われた際に、坂越浦で河勝を迎えたという伝承を持つ旧家。室町時代には、妙見寺を中興した乗吽や、妙道寺の開基学西などを出した。戦国時代に商人に転じ、慶長6年（1601）には酒造業を始めた。江戸時代には坂越浦で廻船問屋を経営したほか、地主として土地の集積も行い、大庄屋でもあった。現在も奥藤酒造として銘酒「忠臣蔵」の醸造元である。

尾崎▼おざき

愛知県から九州北部にかけて広く分布している名字で、和歌山県と高知県に多い。県順位は98位。播磨西部から但馬地区にかけて多く、とくに佐用町と新温泉町に集中している。

小田▼おだ

淡路国津名郡に国人小田氏がいた。小田館（淡路市小田）に拠り、室町時代は阿波の三好氏に属していた。現在は県内に広く分布する。県順位148位。

織田▼おだ

丹波柏原藩主の織田家は織田信長の末裔である。『織田家譜』などによると、壇ノ浦合戦で自害した平資盛の妻は、幼児だった親真を抱いて近江国蒲生郡津田荘（滋賀県近江八幡市）に逃れ、のちにこの親真が越前国敦賀郡織田（福井県丹生郡越前町織田）の劔神社の神官の養子となって織田氏を称したのが祖と伝える。しかし、現在では平氏ではなく忌部《いんべ》氏の一族といわれている。

織田荘荘官を務めた織田氏は守護斯波氏の家臣となり、斯波義重が尾張守護を兼ねると守護代に抜擢されて尾張に転じた。やがて岩倉城に拠って尾張上四郡を支配する嫡流の岩倉織田家（伊勢守家）と、清州城に拠って尾張下四郡を支配する清洲織田家（大和守家）に分裂した。

　信長は、清洲織田家の家老で勝《しょ》幡城《ばたじょう》（愛西市）を本拠とした勝幡織田家の出である。信長の二男信雄は、清洲会議のあと尾張・伊賀・南伊勢を領したが、天正18年（1590）秀吉から三河・遠江・駿河への移封を拒否して下野国烏山に配流された。元和元年（1615）大和松山藩5万石を立藩。元禄8年（1695）丹波柏原2万石に減転となった。明治17年（1884）信親のときに子爵となる。

小野▼おの

　小野は、高橋とともに、姓と名字の両方に多い。姓としての小野は近江国滋賀郡小野村（滋賀県大津市小野）発祥で、孝昭天皇の子孫という春日氏の一族。推古天皇のときに小野妹子が遣隋使に選ばれ、以後一族から多くの外交官を輩出するなど、奈良・平安前期に朝廷の官僚として栄えた。

　このほか、各地に地名があり、地名由来の名字が多数ある。県順位は122位。但馬地区以外に広く分布している。

か

垣屋▼かきや

　兵庫県と鳥取県にみられる名字。中世、但馬国気多郡の国人垣屋氏は桓武平氏で相模土屋氏の一族。南北朝時代に重教が山名時氏に従って下向したといい、隆国が楽々前城（豊岡市日高町佐田）を築城して拠った。熙忠は山名時熙のもとで但馬守護代となり、その3人の子が越前守家・越中守家・駿河守家の三家に分かれた。

　惣領の越前守家は代々但馬守護代となり、山名氏が播磨守護となると、播磨守護代も務めた。戦国時代、続成は山名致豊の重臣として活躍、文亀2年（1502）に致豊が但馬守護となると、その守護代として実権を握り、永正9年（1512）亀城（豊岡城）を築城して本拠とした。

　天正8年（1580）光成のとき羽柴（豊臣）秀吉の但馬侵攻で

降り、因幡で1万石を領した。子恒総は関ヶ原合戦で西軍に属して自刃、滅亡した。その子重政は因幡国で帰農、孫の吉綱は紀伊藩士となった。

一方、駿河守家の豊続は轟城（豊岡市）に拠って毛利氏に属し、天正8年頃に秀吉に降った。子孫は脇坂氏に仕え、江戸時代は龍野藩士となった。

加集▼かしゅう

淡路国三原郡の国人。同郡賀集郷（南あわじ市）発祥。賀集氏の一族。天正11年（1583）賀集盛政が加集杢之助と改称、同13年（1585）洲本城主となった脇坂安治に仕えた。元和3年（1617）脇坂氏が信濃飯田に転じた際に、盛親が木下陣屋代官となって箕輪（群馬県高崎市）1万石を領した。以来三代にわたって箕輪を治め、新田開発に成功するなど名代官として知られた。寛文12年（1672）播磨龍野に移った。現在は神戸市などにある。

梶原▼かじわら

相模国鎌倉郡梶原郷（神奈川県鎌倉市）発祥の桓武平氏梶原氏が著名で、この末裔というものが多い。淡路国三原郡の国人梶原氏も、梶原景時の子孫という。同郡沼島（南あわじ市沼島）を本拠とし、淡路住人衆といわれた海賊の一つで、守護細川氏の被官となる。天正9年（1581）梶原秀景が羽柴（豊臣）秀吉に敗れて没落した。

播磨国加古郡にも梶原氏がいた。高砂城（高砂市高砂）に拠り、別所氏に属した。天正年間、秀吉の播磨攻めで落城した。

県内では姫路市付近と朝来市に多い。

糟屋▼かすや

相模国大住郡糟屋荘（神奈川県伊勢原市）をルーツとする糟屋氏が著名で、播磨国加古郡の国人の糟屋氏もこの一族。藤原姓というが不詳。鎌倉時代には播磨守護代を務めた。室町時代には加古川城に拠って別所氏に属していたが、天正6年（1578）の羽柴（豊臣）の播磨攻めの際に、武則が秀吉に仕えた。関ヶ原合戦で西軍に属して滅亡した。現在、県内には極めて少ない。

片山▼かたやま

岡山県を中心に、関西・中国・

四国に集中している名字。歴史的には、上野国多胡郡片山（群馬県高崎市吉井町片山）をルーツとする児玉党の片山氏が著名で、鎌倉時代には幕府の御家人であった。承久の乱後には、丹波国船井郡和知荘（京都府船井郡京丹波町）に下向して土着している。県順位は94位で、現在は県内にまんべんなく分布している。幕末の生野の変に参加して捕えられた片山九市は丹波市春日の生まれである。

加藤▼かとう

　全国ランキングでは10位の大姓だが、県内では51位。但馬地区と阪神地区に多い。藤原姓で、加賀に住んだ藤原氏が、加賀の「加」と藤原の「藤」をつなげて名乗ったもの。

姫路市網干区余子浜の旧家に加藤家がある。江戸時代は運送業、明治維新後は醤油醸造を営んだ。同家住宅は国登録有形文化財である。

　男爵の加藤家は出石藩士の出。室町時代は方穂氏を称して伊勢北畠氏に仕えていたが、のち九鬼氏に仕えて加藤氏と改称した。その後仙石氏に仕えて出石藩士となった。幕末、弘之は幕臣に転じ、維新後は、元老院議官、帝国大学総長を歴任、明治35年（1902）男爵を授けられた。子照麿は侍医となり、孫の成之は女子美術大学学長を務めている。

金川▼かながわ

　播磨国印南郡天下原村（加古川市東神吉町）に豪商金川家がある。代々木綿商を営んだ。文化年間（1804～1818）甚左衛門は、姫路藩家老河合道臣（寸翁）と図って、それまで大坂に集められていた播州木綿を直接江戸へ売るように改め、加古川河原に木綿の晒場を設けて玉川晒と称して販売。その功績で名字帯刀を許された。

　現在は関西から中国地方にかけて多く、県内では姫路市から加古川市の間に集中している。

可児▼かに

　岐阜県可児市をルーツとする名字。播磨三日月藩家老の可児家は元は津山藩士だったが、元禄10年（1697）森長俊が三日月藩を創立した際に、可児藤兵衛正幸が同藩筆頭家老となった。現在でも岐阜県に集中しており、県内には少ない。

萱野▼かやの

神戸市や尼崎市にある名字。摂津国豊島郡萱野村(大阪府箕面市)発祥の萱野氏は、戦国時代は荒木村重に属した。赤穂義士の一人萱野三平はこの一族である。

河合▼かわい

東播磨に多い名字で、とくに小野市に集中している。

姫路藩家老の河合家は、藤原北家利仁流という。戦国時代宗忠は遠江松葉山城に拠っていたが、のち酒井氏に仕え、江戸時代は姫路藩家老となった。江戸時代後期に四代の藩主に仕えて名家老といわれた道臣(寸翁)が著名。

播磨三日月藩家老の河合家は、藩主森家が津山藩から分藩して三日月藩を創立した際に、河合康正が次席家老として功績をあげた。以後代々家老を務めた。県順位225位。

川上▼かわかみ

川の上流を意味する地形由来の名字で、各地にルーツがある。現在は全国に分布するが、とくに島根県と岡山県に多い。県順位141位。淡路島や丹波地区に多い。

川崎▼かわさき

「川崎」とは、川が海や湖に注ぐ先端部分や、蛇行する川のせり出した岸などを指す言葉で、こうした場所から生まれた地形由来の名字。全国に広く分布するが、比較的九州に多いほか、茨城県や関西にも多い。県順位は111位。豊岡市、相生市、姫路市家島諸島などに多く、旧出石町(豊岡市)では2位の名字だった。

瓦林▼かわらばやし

中世、摂津国武庫郡の国人に瓦林氏がいた。「河原林」とも書く。同郡瓦林荘(西宮市)発祥。瓦林正頼は応仁の乱では東軍に属し、のち細川高国に仕えた。越水城を築城して拠っていたが、永正17年(1520)三好之長に敗れて落城、高国に内通の嫌疑をかけられて自刃した。正頼は『新撰犬筑波集』に連歌が収められている。一族の瓦林越後は荒木村重に仕え、茶人としても知られた。

現在は少なく、西宮市に集中している。

菅▼かん

菅には「かん」「すが」の二通

りの読み方がある。全国的には「すが」がやや多い程度だが、県内では8割が「すが」と圧倒的に多く、「かん」は少ない。「かん」と読む場合は、菅原氏の末裔であることが多い。

　中世、淡路国三原郡の国人に菅氏がいた。鎌倉時代初めに、菅和泉守道忠が志知城（南あわじ市志知）を築城したという。鎌倉時代から淡路の土豪としてその名が見え、室町時代は細川氏に属した。戦国時代は野口氏とも称し、天正9年（1581）に長宗我部元親が阿波に侵攻すると、織田信長に属している。

神吉 ▼ かんき

　全国半数以上が県内にあるという、兵庫県独特の名字。印南郡神吉荘（加古川市）がルーツで、現在でも加古川市周辺に集中している。中世には印南郡の国人に神吉氏がいた。清和源氏頼政流という。神吉城に拠り、戦国時代は三木別所氏に従っていた。天正6年（1578）頼定のとき落城し討死した。

神崎 ▼ かんざき

　多可町を中心に県中央部に多い名字。赤穂義士の神崎与五郎が有名。姓は源氏。父半右衛門は津山城主の森家に仕えていたが、元禄10年（1697）森家が断絶、浪人した与五郎は単身赤穂に移って浅野家に仕えた。

き

北風 ▼ きたかぜ

　摂津国兵庫（神戸市）の豪商に北風家がある。第八代孝元天皇の曾孫彦也須命の末裔と伝える旧家で、南北朝時代に南朝に属して、北風の強い日に足利尊氏の軍船を焼いたことで新田義貞の軍忠状を賜り、以後「喜多風」と改称、のち「北風」に改めた。以後、代々兵庫に住んで七家に分かれ、江戸時代には加賀藩の要請で北前航路を開き、兵庫随一の北前問屋となった。幕末に北風家を継いだ正造は、母が有栖川宮家の老女だった関係から、勤王派を助け、維新後は私財を投じて治安維持に努めたが、明治18年（1885）に破産している。

喜多野 ▼ きたの

　播磨国揖東郡の国人に喜多野家

がある。「北野」とも書く。同郡上岡郷（たつの市）の出で、室町時代、義綱は赤松氏の奉行人を務めていた。江戸時代は神西郡犬飼村（姫路市香寺町）で帰農し、のち姫路藩の大庄屋となった。

北村▼きたむら

北の村を指す方位由来の名字で各地から発生したが、とくに滋賀県や、石川県南部、三重県南部、高知県中央部に多い。県順位は１０１位で、但馬地区に集中している。

木下▼きのした

「木の下」という普遍的な地形に由来する名字のため各地にあるが、関西から北陸にかけてと、九州に多い。歴史的には、豊臣秀吉の妻お禰（高台院）の実家である木下家が著名。この木下家は桓武平氏を称し、播磨国発祥で、のち尾張国春日井郡朝日村（愛知県清須市）に移ったという。県順位は62位で、県内にまんべんなく分布している。

京極▼きょうごく

但馬豊岡藩主の京極家は、室町幕府の重臣で四職の一つだった京極家の末裔。宇多源氏で、佐々木信綱の四男氏信が北近江六郡を相続し、京極高辻に館を構えたことから京極氏を名乗ったのが祖。元弘3年（１３３３）高氏（道誉）は足利尊氏に従って佐々木一族の惣領と認められ、のちに六波羅探題となった。室町幕府の設立後は四職の一となり、近江・飛騨・出雲・隠岐の守護を兼ねた。しかし、戦国時代になると、南近江は同族の六角氏、北近江は家臣だった浅井氏に実権を奪われ、出雲・隠岐は守護代の尼子氏に押領されて没落した。

天正元年（１５７３）浅井氏が滅亡すると、高次が京極氏の旧臣を集めて織田信長に仕え、５０００石を与えられたのが近世大名としての京極氏の祖である。

高次はのち弟高知とともに秀吉に仕え、高知の子高三が元和8年（１６２２）に3万５０００石を分知されて丹後田辺藩を立藩、寛文8年（１６６８）に但馬豊岡（豊岡市）に転じた。明治17年（１８８４）高厚のときに子爵となる。

九鬼 ▼ くき

摂津三田藩主の九鬼家は、志摩で水軍を率いた戦国大名の末裔。紀伊国牟婁郡九鬼（三重県尾鷲市九鬼町）発祥で、出自は藤原氏、源氏など諸説あるが、熊野別当氏の一族か。南北朝期以降から史上に登場するが、室町時代はその活動ははっきりせず、水軍として歴史に登場するのは戦国時代後期の嘉隆からである。

天正2年（1574）、織田信長が伊勢の一向一揆を攻めた際、水軍を率いて海上を封鎖したのが志摩の海賊衆の九鬼嘉隆であった。信長の死後は豊臣秀吉に仕えて志摩鳥羽で3万石を領した。関ヶ原合戦では、嘉隆は西軍、二男守隆は東軍に属し、戦後嘉隆は答志島で自害した。

守隆は父の遺領と合わせて鳥羽藩5万5000石を立藩。寛永9年（1632）守隆が死去した際、長男の良隆が廃嫡されていたことから、三男隆季と五男久隆の間で家督相続争いがおこり、翌年幕府の裁定で久隆が3万6000石を継いで摂津三田に転封となった。明治17年（1884）子爵となる。

久下 ▼ くげ

丹波地区の名字。武蔵七党私市《きさいち》党の出で、私市家盛の弟為家が武蔵国大里郡久下郷（埼玉県熊谷市）に住んで久下氏を称したのが祖といわれるが、異説もある。承久の乱後、直高が丹波国氷上郡栗作郷（丹波市山南町）の地頭となって下向したのが祖。南北朝時代に時重は足利尊氏に従って玉巻城（丹波市山南町玉巻）に拠り、観応元年（1350）には頼直が守護代となるなど、丹波を代表する国人に成長した。天正7年（1579）重治のとき、明智光秀の丹波侵攻で滅亡した。

日下部 ▼ くさかべ

古代豪族の姓。雄略天皇の皇后日下部王の伴造である日下部から生まれた。全国に日下部があったが、開化天皇の皇子彦坐命の子孫の日下部氏が最も著名。県内では養父市に多い。

櫛田 ▼ くしだ

播磨国佐用郡の国人に櫛田氏がいた。建長年間（1249〜12

56）に有景が櫛田城（宮山城、佐用郡佐用町櫛田）を築城し、櫛田氏を称したという。天正5年（1577）羽柴（豊臣）秀吉が播磨を攻めた際に櫛田城に拠っていた櫛田頼久が討死している。

現在は県内には少なく、阪神地区に集中している。全国的には福島県と愛知県に集中している。

櫛橋▼くしはし

播磨国印南郡の国人。相模櫛橋氏の一族か。『太平記』には六波羅方の武士として櫛橋次郎左衛門尉と同三郎左衛門尉の名がみえる。南北朝時代、伊朝は赤松氏に属しており、以後代々赤松氏に仕えた。嘉吉元年（1441）の嘉吉の乱では貞伊が討死、応仁の乱以降は別所氏に属し、永禄年間以降は志方城（加古川市志方町）に拠った。天正6年（1578）の羽柴（豊臣）秀吉の播磨攻めでは、三木城の別所長治に与して志方城に籠城、敗れて滅亡した。なお、伊定の娘は黒田孝高に嫁ぎ、長政を産んでいる。現在は姫路市にある。

久保▼くぼ

窪地を意味する地形由来の名字。「窪」に佳字である「久保」をあてたもので、各地から生まれた。西日本では鹿児島県の12位を筆頭に、20府県でベスト100に入っているが、東日本では岩手県以北の3道県のみであるなど、西日本に多い名字である。県順位は83位で、播磨西部に多い。

久保田▼くぼた

低い場所の田んぼである「窪田」に佳字を宛てたもの。県内では播磨・阪神地区に多い。男爵に久保田家があった。豊岡藩士の出で、維新後、久保田譲は文部省に出仕、明治36年（1903）文相に就任。同40年（1907）男爵を授けられた。

久米▼くめ

古代豪族・久米氏の末裔と、久米氏に由来する久米地名から生まれたものの両方がある。

播磨国加東郡の国人の久米氏は、同郡久米荘（加東市）がルーツ。戦国時代は別所氏の家臣だった。現在は淡路に多い。

黒石▼くろいし

播磨小野藩家老に黒石家があった。戦国時代は播磨国阿江荘で三木城主別所氏の一族別所孫右衛門に仕えていた。のち杢右衛門が伊勢神戸に転じて一柳直盛に足軽として仕え、やがて250石の士分に取り立てられたのが祖。江戸時代は代々小野藩家老を務めた。現在は姫路市付近に多い。

黒田▼くろだ

刈り取ったあとの田んぼが黒っぽく見えることから「黒田」といい、各地に黒田地名がある。のちに福岡藩主となった黒田氏も、そのルーツには諸説ある（↓135ページ）。

福岡藩家老の黒田家は、藩主の一族ではなく、藤原北家加藤氏の出で摂津伊丹氏の一族という。重徳は荒木村重に仕えて、天正6年（1578）村重によって捕らえられた如水の牢番となる。そして栗山大膳の潜入を見過ごしたのが縁で、伊丹城落城後、二男一成（美作）が如水に仕えて黒田姓を許された。江戸時代は筑前国下座郡で1万2000石を知行して三奈木黒田家と呼ばれ、代々福岡藩筆頭家老を務めた。明治33年（1900）男爵を授けられた。

播磨国美嚢郡三木（三木市）には金物商の黒田家があった。明和2年（1765）清右衛門が三木町上町（三木市本町）で金物道具屋を創業した。今も黒田清右衛門商店として続いている。

現在は播磨地区に多い。県順位53位。

こ

甲賀▼こうか

摂津三田藩士の甲賀家は、志摩国英虞郡の国人の出。永正年間（1504～1521）に甲賀雅楽頭が甲賀城（三重県志摩市阿児町甲賀）に拠って北畠氏に属していたが、天正4年（1576）九鬼氏に敗れて滅亡した。のち左馬が九鬼守隆に仕えて守隆の妹お市の方を娶り、弟所左衛門の末裔は三田藩士となった。現在は県内には少ない。

神田▼こうだ

県内の「神田」は99%以上が「かんだ」と読むが、摂津国兵庫津出在家町（神戸市）の旧家に「こうだ」と読む神田家がある。岩間屋と号して干鰯商を営んでいた。幕末の当主兵右衛門は出在家町年寄を経て、慶応3年（1867）に幕府が大坂・兵庫の有力商人に出資させて設立した兵庫開港商社の取締役となった。維新後は初代神戸市議会議長を務めた。

上月▼こうづき

兵庫県を代表する名字の一つ。播磨国佐用郡上月（佐用郡佐用町）がルーツで、赤松氏の一族。延元元年（1336）上月城（佐用郡佐用町）を築城、代々赤松氏の重臣として活躍したが、嘉吉元年（1441）の嘉吉の乱で没落した。その後、寛正2年（1461）、久我家領の石作荘（宍粟市山崎町）の代官として上月氏が着任するなど、播磨西部で一定の勢力は保っていたとみられる。

全国の半数以上が県内にあり、とくに姫路市と加東市に集中している。

国府寺▼こうでら

姫路城下を代表する豪商に国府寺家があった。播磨国司の末裔で、中世には飾東郡志深荘（姫路市）に政所を置いて、国政をみていたという。同地は代々国府寺家が所領、江戸時代には国府寺村と呼ばれていた。

慶長14年（1609）、姫路城主池田輝政より城下本町に屋敷を拝領、以後藩主が変わっても代々姫路町の大年寄を務めた。祝賀の際には町人の惣代として藩主に伺候し、宝暦2年（1752）名字帯刀が許され、安永2年（1773）には藩から50石10人扶持を与えられている。

河野▼こうの

「河野」は伊予の名族の末裔。県順位は150位で、播磨地区に多い。播磨国印南郡曽根村（高砂市）の旧家に河野家があった。江戸時代は塩田を経営する傍ら代々庄屋を務め、維新後は姫路藩の専売品だった竜山《たつやまいし》石販売の払い下げを受けて石問屋も営んだ。このほか、幕末の漢詩人で林田藩敬業館教授の河野鉄兜は播磨国揖東郡網干（姫路市）の生まれである。

越賀▼こしか

摂津三田藩士の越賀家は、志摩国志摩郡の国人の末裔。もとは佐治氏という。越賀城（三重県志摩市志摩町越賀）を築城して、玄蕃允隆俊・隆政・隆春と三代にわたって拠った。当初は九鬼氏と対抗していたが、のちに降って家臣となり、やがて九鬼嘉隆の家老を務め1000石を知行した。九鬼氏のお家騒動では、兄隼人（熊太郎）が隆季、弟六兵衛（隆次）は久隆を支持、隼人は綾部藩士、隆次は三田藩士となった。

児島▼こじま

播磨国姫路城下（姫路市）で紅粉屋と号した豪商の児島家があった。姫路町年寄六人衆の一人で、姫路藩御用商人として名字帯刀も許されていた。文久3年（1863）又左衛門政光は尊王攘夷派の姫路藩士に斬殺された（紅粉屋暗殺事件）。

小谷▼こたに

地形由来の名字で、東北と沖縄以外に広く分布しているが、関西から中国地方にかけて多い。とくに兵庫県の但馬地区から鳥取県にかけて集中している。なお、全国的には「小谷」の1割強は「おだに」と読むが、兵庫県では98％以上が「こたに」である。県順位128位。

小寺▼こでら

播磨赤松氏の一族。赤松頼範の四男宇野将則の末裔。鎌倉時代は播磨国佐用荘（佐用郡佐用町）の地頭で、室町時代は赤松氏の被官となった。戦国時代は御着城（姫路市）城主で、のちの黒田孝高（官兵衛）が一時養子となっていたことで知られる。永禄12年（1569）の織田勢の播磨攻めでは一旦従ったものの、天正6年（1578）に別所長治が叛旗を翻すと、別所氏とともに毛利方に転じた。同8年（1580）に落城、毛利氏のもとに逃れ、江戸時代は旧臣黒田氏を頼って福岡藩士となった。県順位254位。現在は尼崎市に多い。

後藤▼ごとう

藤原氏の末裔。藤原北家利仁流の公則が備後守となったことから「後藤」を称したのが祖といわれる。代々源氏に仕えたことで各地に広がり、鎌倉時代嫡流は六波羅評定衆を務めた。

播磨国国人の後藤氏は基清が祖で、子基重は承久3年（1221）安田荘を賜った。南北朝時代は赤松氏に従っていた。

丹波国国人の後藤氏は、一条能保の家人後藤基綱が、丹波国丹波郡丹波荘の地頭となって下向したのが祖である。

県順位は56位。県の中央部に多く、とくに福崎町や市川町に集中している。

小西　こにし

伊丹市の酒造家に小西家がある。祖は一色氏に仕えた小西石見守といい、天文19年（1550）伊丹に転じて薬種業の傍ら濁酒の醸造を始めた。文禄元年（1592）からは清酒業を本業とし、江戸時代初期に二代目宗宅が始めた清酒「白雪」が著名。現在の小西酒造である。県順位は54位で、県内全域に広く分布している。

小山　こやま

地名由来の名字で全国に広く分布しているが、どちらかというと東日本に多い。県順位は88位で朝来市に集中している。なお、県内の「小山」は98％以上が「こやま」と読み、「おやま」は少ない。プロ野球の阪神やロッテでエースを務め、通算320勝をあげた小山正明は高砂市の生まれである。

近藤　こんどう

藤原北家秀郷流で、脩行が近江掾になって近江掾の「近」と藤原氏の「藤」をつなげて近藤と名乗ったのが祖という。県順位64位。

播磨国加東郡太郎太夫村（小野市）の豪農・豪商に近藤家があった。15家に及ぶ近藤一門を形成、とくに近藤仁左衛門家は酒造と干鰯商で財をなした。江戸時代後期の五代目亀蔵は西日本を代表する豪商でもあった。

さ

斉藤・斎藤　さいとう

「さいとう」は東日本で「斎藤」、西日本で「斉藤」が多く、県内でも「斉藤」の方が多い。ルーツは同じで、藤原氏の一族が斎宮寮に仕えて斎藤氏を名乗ったのが祖。県順位は斉藤が79位、斎藤が303位。

佐伯　さえき

古代豪族佐伯氏の末裔。大和国発祥で大伴氏の一族。大伴室屋の子談《かたり》を祖とする。代々、大伴氏とともに軍事で大和朝廷に仕えた。空海も佐伯氏の一族である讃岐佐伯氏の出である。
歴史的には、厳島神社神官の佐伯家が著名。阿岐国造の子孫で、代々厳島神社の神官を世襲する傍ら、一族からは安芸国の在庁官人なども出している。平安末期には平氏と結び、佐伯景弘が大きな力を振るった。
現在は沖縄以外に広く分布しており、とくに富山県に多い。また、東日本では「佐伯」はほぼ「さえき」と読むのに対し、中国地方以西では「さいき」と「さえき」に読みが分かれる。県内では98％が「さえき」で、播磨町に集中している。県内順位194位。

三枝▼さえぐさ
三枝は全国的には「さえぐさ」と読むものが多いが、県内では「さえぐさ」は3分の1しかいない。播磨国飾磨郡の国人に三枝氏があった。三枝城（飾磨郡夢前町）に拠り、室町時代は赤松氏に属した。

酒井▼さかい
丹波地区の名字。酒井氏は徳川家譜代の重臣である酒井家が著名だが、丹波国多紀郡の酒井氏は別流。桓武平氏で、相模国の出であるという。承久の乱後、政親が酒井郷（篠山市）を賜って土着、一族で酒井党を形成した。『太平記』によると、元弘3年（1333）の足利尊氏の挙兵に際して、久下氏とともに参加したという。室町時代は細川氏に従った。一族は多紀郡内に広がり、戦国時代は高仙寺城、矢代城、波賀野城、油井城、栗栖野城などに拠っていた。明智光秀の丹波攻めで滅亡した。
県順位70位。篠山市では最多の名字となっている。

桜井▼さくらい
尼崎藩主の桜井家は松平氏の一族。松平玄蕃助親房が桜井城（愛知県安城市桜井町）城主の小浦喜平次を追って桜井城主となり、その跡を松平長親の三男信定が継いで桜井松平氏の祖となった。以来代々桜井城に拠り、家次のとき徳川家康に従った。
慶長6年（1601）忠頼は遠江浜松5万石を領したが、同14年に一旦没収。元和8年（1622）忠重が上総佐貫1万5000石で再興し、以後各地を転々として、正徳元年（1711）忠喬のとき尼崎4万石に入封した。明和6年

（１７６９）忠告のときに、西宮・兵庫・灘などを公収され、播磨西部に代地を与えられている。明治維新後、忠興は桜井氏を称し、17年（１８８４）子爵となる。

県順位１６０位。明石市を中心に姫路市から阪神地区にかけて集中している。

佐々木▼ささき

近江国佐々木荘（滋賀県近江八幡市）をルーツとし、全国順位は13位と多いが、県順位は72位。県内に広く分布している。民社党委員長を務めた政治家佐々木良作は養父市八鹿町、昭和53年にプロ野球パリーグの首位打者を獲得した佐々木恭介は丹波市青垣町の生まれである。

笹倉▼ささくら

兵庫県独特の名字で、県内でも西脇市周辺に集中している。県順位３２６位。

佐野▼さの

地名由来の名字で、各地にルーツとなった地名がある。兵庫県付近では、丹後国熊野郡佐野（京都府京丹後市久美浜町佐野）をルーツとする佐野氏がある。山梨・静岡両県を中心に、東海・南関東・北陸などに多い。歴史的には下野国安蘇郡佐野（栃木県佐野市）をルーツとする佐野氏が著名で、この末裔と伝える佐野氏が多い。県順位は１４５位、朝来市、姫路市、尼崎市などに多い。

沢田▼さわだ

「沢の田」という意味の地形由来の名字であるほか、沢田地名に由来するものも多い。ベスト50に入っているのは富山県と青森県だけだが、11道府県で１００位以内となっているなど、沖縄を除いて全国に広く分布している。県順位は１１６位で豊岡市に多い。

し

塩川▼しおかわ

摂津国河辺郡の国人に塩川氏がいた。清和源氏で、源満仲の女婿塩川仲儀の末裔と伝える。

戦国時代は山下城（一庫城、川西市山下）に拠って細川氏に従い、のち織田信長、荒木村重、豊臣秀吉に従った。天正14年（１５８６）に能勢氏を攻めて秀吉の怒りをかい、国満が自刃させられて滅亡した。
現在でも川西市周辺に多いほか、旧浜坂町（新温泉町）にも集中している。

塩田 ▼ しおた

塩田《えんでん》に由来する名字で、瀬戸内海沿岸に集中する。室町時代から戦国時代にかけて、淡路を代表する国人の一つに塩田氏があった。畴田城（洲本市安乎町）に拠った。その後三好氏に従い、仙石秀久の来島後は仙石氏に従った。

志方 ▼ しかた

兵庫県独特の名字で、加西市に集中している。印南郡志方（加古川市志方）がルーツで、源頼政の末裔と伝える。戦国時代の国人にも志方氏があった。

柴田 ▼ しばた

地名由来の名字で、沖縄と四国以外に広く分布している。県順位は84位。姫路市付近に多い。

島田 ▼ しまだ

戦国時代、淡路国の栗原城（南あわじ市）城主に島田氏があり、阿波の三好氏に従っていた。大永8年（1528）島田遠江守が三好氏の命で、炬口《たけのくち》城（洲本市）の安宅氏を攻めている。天正8年（1580）落城し、のち伊予に移ったという。

県順位162位。県内に広く分布する。

下山 ▼ しもやま

摂津国河辺郡木器《こうづき》村（三田市木器）の豪商に下山家があった。平安時代末期に貞利が源満仲に仕え、貞成のときに河辺郡木器に土着したと伝える。江戸時代は油屋と号して油の製造・販売を行い、麻田藩の御用達として名字帯刀も許され、藩の財政にも参画した。

庄司 ▼ しょうじ

荘園の管理をした荘司（庄司とも）に由来する名字。播磨国明石郡奥畑村（神戸市垂水区）の旧家に庄司家があった。源義経の家臣佐藤継信の末裔と伝え、江戸時代は代々庄屋を務めた。

進藤 ▼ しんどう

藤原北家利仁流の為輔が修理少進となり、修理少進の「進」と藤原氏の「藤」をつなげて「進藤」と名乗ったのが祖。嫡流は、代々公家筆頭の近衛家の諸大夫を務めた。
元禄赤穂事件の際にも登場する赤穂藩重臣の進藤家は一族。進藤源四郎俊式《としもと》は大石内蔵助の親戚だったが、仇討からは脱盟している。

朝来市佐中の旧家の進藤家の祖権之進は、平安時代末期の人物とされ、同家は「佐中の千年家」といわれている。幕末維新期に活躍した原六郎も進藤家の出である。

播磨龍野藩の重臣にも進藤家があった。幕末の当主朴斎は第二次長州戦争では藩兵を率い、明治元年（1868）には家老に就任した。

現在は、姫路市や宍粟市に多い。

す

水渡▼すいと

摂津国兵庫津（神戸市）の旧家に水渡家がある。代々魚問屋を営む。約1000点の同家文書は神戸市文書館に寄贈されている。

菅野▼すがの

関東・東北に多い名字で、植物の「スゲ」に由来するもの、「菅野《かんの》」から読み方が変更したものなどが混在する。古代豪族の菅野氏は百済の都慕王の子孫。延暦9年（790）津連真道が菅野朝臣を賜ったのが祖。大和国宇陀郡菅野（奈良県宇陀郡御杖村）に因むか。

なお、関東・東北では秋田県を除いて「すがの」より「かんの」の方が多いが、西日本では「すがの」が主流。兵庫県でも92%が「すがの」で、加西市に集中している。全国を合計すると「すがの」と読むのは「菅野」全体の3割弱である。県内順位272位。

杉本▼すぎもと

丹波国多紀郡坂戸村（篠山市）の大庄屋に杉本家がある。篠山藩主の命で住吉川を北方の大川（篠山川）に導く新川（安田川）を開削し、干拓地化することに成功している。

県順位89位。朝来市の旧生野町や多可町などに多い。

せ

仙石▼せんごく

但馬出石藩主の仙石家は、美濃国発祥で、清和源氏土岐氏の庶流という。秀久が羽柴（豊臣）秀吉に仕えて天正8年（1580）淡路洲本（洲本市）で5万石を領した。同13年（1585）讃岐高松に移るが、翌年の九州出兵で島津氏に敗れて所領を没収される。同18年（1590）小田原征伐で徳川家康に属して功をあげ、信濃小諸5万石で家を再興。関ヶ原合戦後、信濃上田6万石を経て、宝永3年（1706）政明のとき但馬出石（豊岡市出石町）5万8000石に入封。このとき上田から蕎麦を出石にもたらし、出石蕎麦として名物となった。天保6年（1835）久利のときに「仙石騒動」で3万石に減知となった。明治17年（1884）政固のときに子爵となる。

家老の仙石式部家は、初代藩主仙石秀久の孫・式部久治が祖。代々家老（大老）を務め、家禄は1500石。五代藩主政時が式部家から継いだほか、江戸中期に筆頭家老荒木家に養子が続いたこともあって、荒木家に代わって筆頭家老となった。江戸時代後期の当主・久寿（左京）は仙石騒動の当事者として獄門に処せられている。同家の屋敷は豊岡市立出石家老屋敷として公開されている。

同じく家老の仙石主計家は仙石式部家の政治の弟政忠が祖。政忠の孫久敬のときに家老（大老）となり、以後出石藩三家老の一つとなった。久敬の孫が仙石騒動で仙石左京と対立した仙石造酒久恒である。

た

田結庄▼たいのしょう

兵庫県独特の珍しい名字。但馬国城崎郡に古くから田結庄氏がおり、桓武平氏という。平盛継は源平合戦後に但馬国城崎郡気比に隠れ住み、子盛長は同郡田結荘（豊岡市出石町田結庄）に住んで田結庄氏を称したと伝える。

室町時代には守護山名氏に従い、戦国時代是義は鶴城（豊岡市）に拠って山名氏四天王の一といわれた。是義は織田信長方に与し、天正3年（1575）毛利氏方の垣屋光成と戦って敗れ、滅亡した。

現在も豊岡市付近にある。

高木▼たかぎ

地名由来の名字で、各地の高木

地名がルーツ。現在は東北以外に広く分布しているが、とくに東海から北陸にかけて多い。県順位121位。阪神地区と但馬地区に多い。

高須▼たかす

愛知県三河地方の名字で、県内では姫路市などにある。江戸時代は姫路藩家老に高須家があった。代々酒井家に仕える譜代の家臣で、江戸時代は姫路藩筆頭家老を務めた。幕末の当主宗山は、戊辰戦争に際して藩主に代わって開城、佐幕派を処分して本領を安堵された。

孝橋▼たかはし

兵庫県独特の珍しい名字で、西播磨に集中している。印南郡の国人孝橋氏は、南北朝時代末期の赤松義則の子左馬助則繁が祖という。嘉吉の乱後に則繁は自害、同族の繁広が名跡を継ぎ中道子城（加古川市志方町）を築城して拠った。戦国時代、秀光は細川晴元に属して天文18年（1549）に討死。子秀時のときに落城して滅亡した。「こうはし」とも読む。

高見▼たかみ

兵庫県に多い名字で、加西市で最多の名字となっているほか、丹波市の旧市島町にも集中している。県順位105位。

滝田▼たきた

関東から福島県にかけて集中している名字で、県内では西宮市付近や豊岡市にある。

但馬国豊岡城下（豊岡市）に津山屋と号した豪商の滝田家があった。廻船問屋・北前船主を務めた。幕末から北前船主として活躍、維新後は銀行設立も行った。

田公▼たきみ

但馬国二方《ふたかた》郡の国人に田公氏がいた。同郡田公郷（美方郡新温泉町）発祥で、古代豪族日下部氏の子孫。日下部田公氏と宮吉田公氏の二流がある。宮吉田公氏は山名氏に仕えて、室町時代には因幡国の守護代を務めた。天正5年（1577）綱典のとき豊臣秀吉の但馬攻めで城山城が落城、山名豊国のもとに逃れた。江戸時代も交代寄合となった山名家に仕えた。

現在では少なく、養父市などにある。

武田▼たけだ

地名由来の名字。常陸国吉田郡武田郷（茨城県ひたちなか市）をルーツとする清和源氏の武田氏が著名だが、そのほかにもルーツとなった武田地名はある。県順位は109位。淡路島から阪神地区にかけて多く、とくに洲本市や尼崎市、西宮市に集中している。

竹中▼たけなか

地形由来の名字で、岐阜県から兵庫県にかけて多い。県順位は146位。姫路市付近に多く、とくに家島諸島に集中している。

建部▼たけべ

播磨林田藩主の建部家は、宇多源氏佐々木氏の末裔というが不詳。寿徳（高光）が織田信長に仕えて近江守山で500石を領したのが祖。

関ヶ原合戦の際、子光重は西軍に属したが、義父池田輝政の請いで許され、その子政長が大坂の陣で功をあげて、元和元年（1615）摂津国川辺・西成両郡で1万石を与えられて諸侯に列し、尼崎藩を立藩した。同3年（1617）播磨林田（姫路市）に移され、陣屋を構えて林田藩となった。明治17年（1884）秀隆のときに子爵となる。

田尻▼たじり

播磨国加東郡の国人に田尻氏がいた。もとは同郡吉田本荘時延名の地頭で、戦国時代は念仏城（加東市岡本）に拠って、三木別所氏に従った。天正6年（1578）の三木合戦の際、忠行は別所氏に与して豊臣秀吉に敗れ、落城した。現在も加東市に多い。

多田▼ただ

摂津国河辺郡多田荘（兵庫県川西市）をルーツとする名字で、清和源氏の源頼光の孫の頼綱が祖（↓126ページ）。現在は香川県と徳島県に集中している。兵庫県でも119位と多く、姫路市付近に集中している。女優大地真央の旧姓が多田で、洲本市の出身である。

橘▼たちばな

「源平藤橘」と並び称せられる四大姓の一つだが、「源」「平」「藤原」に比べて、一族や子孫の数は少ない。県順位184位。

辰馬▼たつうま

西宮市の旧家。灘の銘酒「白鹿」の醸造元。寛文6年（1666）に酒造業を始めたという旧家で、代々吉左衛門を名乗った。幕末には西宮を代表する豪商となり、分家の北辰馬家は清酒「白鷹」の醸造元でもある。一族からは西宮市長なども輩出している。

谷垣▼たにがき

但馬・丹波地区から京都府の福知山市にかけて集中している名字。とくに豊岡市に多い。

玉田▼たまだ

播磨地区の名字で、太子町に集中している。播磨国印南郡志方（加古川市志方町）の旧家に玉田家がある。赤松氏の庶流で、永禄年間に帰農したという。江戸時代は代々大庄屋を務め、正保2年（1645）正信が藩主奥平忠弘から新田開墾を命じられた。以後18年がかりで開発、寛文2年（1662）に野尻新田として完成した。孫の黙翁は儒学者・文人として知られた。県順位203位。

田村▼たむら

淡路国津名郡の国人に田村氏がいた。郡家城（淡路市一宮町）に拠り、室町時代には淡路を代表する土豪の一つで三好氏に属していた。天正10年（1582）豊臣秀吉に敗れて滅亡した。

県順位61位。但馬地区に多く、養父市に集中している。

垂水▼たるみ

古代氏族に垂水氏がある。垂水神社神職も務めた。摂津国豊島郡垂水（大阪府吹田市）に因むもので、現在でも明石市から阪神地区にかけて集中している。豊城入彦命の四世孫賀表乃真稚命六世孫阿利真公が孝徳天皇の時代に垂水公姓を賜ったのが祖。

ち

千原▼ちはら

尼崎市に多い名字。摂津国河辺郡若王子村（尼崎市）の旧家に千原家がある。代々庄屋を務めた。天和元年（1681）からの文書約290点を所蔵している。

つ

辻▼つじ

地形由来の名字。道が交差したところを意味するほか、西日本各地では、山の頂上や峰を「辻」と呼ぶことも多い。現在は関西から北陸にかけてと九州北部に多い。県順位は106位。淡路島から阪神・丹波地区にかけて多い。

津田▼つだ

丹波柏原藩家老に津田家があった。津田一族は織田氏の一族といわれ、代々家老を務めた。幕末の家老津田要が著名。県順位１５７位。播磨地区に多い。

恒屋▼つねや

播磨国神崎郡の国人に恒屋氏があり、恒屋城（神崎郡神河町恒屋）に拠った。戦国時代、宇野政頼の子正友が継ぎ、天正６年（１５７８）羽柴（豊臣）秀吉に従った。関ヶ原合戦後は黒田長政に仕えている。現在、県内にはほとんどない。

て

寺田▼てらだ

「寺田」とは寺の所有する田に由来する名字。県内では播磨地区に多く、播磨国赤穂郡矢野荘（相生市）の鎌倉御家人に寺田氏があった。同荘の公文を務める。秦氏の末裔とも、上野国の出というが不詳。

江戸時代は、摂津国河辺郡善法寺村（尼崎市）の旧家に寺田家があった。代々庄屋を務め、江戸時代初期の慶安年間（１６４８〜１６５２）以降の８２０点に及ぶ文書が残る。県順位１７９位。

田▼でん

兵庫県を代表する珍しい名字の一つで、丹波国の旧家である。坂上田村麻呂の子孫という田村忠助が名字の「田村」を省略して田と称したのが祖。忠助は織田信包に仕えて丹波国氷上郡柏原（丹波市柏原町）に移り、のち帰農した。江戸初期の女流俳人田捨女は忠助の孫にあたる。

明治維新後、田健治郎は官僚となり、明治40年（１９０７）男爵を授けられた。その後も、貴族院議員、逓信相、司法相などを歴任した。戦前に大蔵次官、衆院議員を務めた田昌は健治郎の兄・艇吉の長男である。また、社会民主連合代表を務めた田英夫は健治郎の二男誠の二男である。

と

土井▼どい

関西から九州北部にかけて多い名字。県順位は１３５位で、姫路市、西宮市、淡路島などに多い。

プロ野球巨人の二塁手として九連覇に貢献した土井正三は神戸市の生まれである。

得平▼とくひら

兵庫県独特の名字。播磨国佐用郡の米田城（熊見城、佐用郡旧南光町）城主に得平氏がいた。天文7年（1538）祐清は尼子晴久に降った。永禄10年（1567）尼子氏の上月城が落城した際に、祐清は米田城を捨てて逃亡している。現在は「得平」と「徳平」に分かれる。

富山▼とみやま

淡路島と瀬戸内海沿岸に多い名字。播磨国佐用郡の国人に富山氏があり、本郷城（広岡城、佐用郡佐用町本郷）に拠った。富山藤内は宇喜多秀家に仕えた。慶長5年（1600）の関ヶ原合戦で宇喜多氏とともに西軍に属して滅亡した。

友井▼ともい

丹波国氷上郡阿草村（丹波市山南町阿草）の旧家に友井家がある。江戸時代は代々年寄を務めた。元禄年間（1688〜1704）に四代目徳左衛門が隣村との紛争を解決した際に、阿草村民一同から贈られたという同家住宅は、野坂（丹波市山南町野坂）に移築され、国指定重要文化財となっている。

な

内藤▼ないとう

藤原氏の一族で、内舎人となった藤原氏が名乗ったもの。一般的には藤原秀郷の末裔で、源頼朝に仕えた内藤盛家を祖とするというものが多いが、盛家にいたる系譜はわかっていない。

室町時代には、大きく丹波内藤氏と、長門内藤氏の二つの流れがあった。丹波内藤氏は丹波国船井郡八木（京都府南丹市八木町）を本拠とし、戦国時代の内藤貞勝（如安）はキリシタン大名として知られた。江戸時代の譜代大名の内藤氏もこの一族という。

県順位は149位。播磨地区に多く、とくに加西市や市川町に集中している。明治23年（1890）の第1回総選挙で当選、播但鉄道の社長も務めた内藤利八も市川町の生まれである。

中井▼なかい
地名由来の名字で各地にあるが、とくに近畿地方と三重県に多い。県順位は91位で、旧温泉町（美方郡新温泉町）では最多名字だった。

永井▼ながい
東海から関東にかけて多い名字。県順位は107位。姫路市付近と、旧但東町（豊岡市）に集中している。

長井▼ながい
播磨国加古郡の国人。野口城（加古川市野口）に拠る。別所氏に属していたため、天正6年（1578）羽柴（豊臣）秀吉の攻撃を受け落城した。県順位298位。西脇市に多い。

中尾▼なかお
地名由来の名字で、西日本一帯に広く分布し、とくに関西と九州北部に多い。県順位は85位で養父市に集中している。

長尾▼ながお
地名由来の名字で、県内では姫路市付近と淡路島に多い。淡路島の旧緑町（南あわじ市）では最多の名字だった。

長島▼ながしま
養父市に多い名字で、但馬国養父郡小城村（養父市小城）の豪農に長島家がある。代々善右衛門を称した。江戸時代初期に土地の集積をはじめ、文政2年（1819）には出石藩産物会所御用に任じられ、庄屋も務めている。天保9年（1838）には18か村の大庄屋となり、名字帯刀も許された。維新後はさらに発展し、大正時代に最盛期を迎えている。
3700平方メートルにも及び、上中下三段に分かれた同家住宅は、昭和49年に養父町民俗資料館となり、現在は養父市立大庄屋記念館として公開されている。

中田▼なかた
中央にある田を意味する方位由来の名字で各地にある。とくに富山県と石川県ではともに15位以内と非常に多く、関西から中国地方にかけても100位以内のところが多い。兵庫県でも74位で、淡路島と加古川市に多いほか、旧波賀町（宍粟市）では第3位の名字だった。

長田▼ながた
「長田」は全国的に「おさだ」と読むことが多いが、県内では7割が「ながた」である。ルーツは摂津国八部《やたべ》郡長田郷(神戸市長田区)で、渡来人系の古代氏族にも長田氏があった。

中谷 ▼ なかたに

地形由来の名字。関西を中心に、中国地方から北陸にかけて多く、とくに和歌山県北部から大阪府南部に集中している。西日本では大分県を除いて「中谷」の9割以上が「なかたに」と読むが、関東では「なかたに」は6割にすぎず、東北以北では「なかや」の方が多い。兵庫県でも98%が「なかたに」で、県順位は93位。姫路市から明石市にかけて多い。

永富 ▼ ながとみ

播磨国揖西郡新在家(たつの市揖保川町新在家)の旧家に永富家がある。文化7年(1810)龍野藩主から名字帯刀を許され、二人扶持を与えられた。同家住宅は国指定重要文化財である。

中西 ▼ なかにし

方位由来の名字で各地にあるが、比較的奈良県北部から和歌山県北部を中心に近畿地方に多い。県順位は59位で、阪神地区から丹波南部にかけて集中している。とくに篠山市や神戸市北区、西宮市に多い。

長浜 ▼ ながはま

播磨地区と淡路地区に多い名字。播磨国加西郡多可荘(加西市)の荘官に長浜氏があった。関東御家人の出で、武蔵七党の一つ丹党の一族か。

中山 ▼ なかやま

地名由来の名字で、沖縄と東北以外に広く分布している。県順位は68位で、まんべんなく分布している。

那波 ▼ なば

播磨国姫路城下の豪商に那波家があった。赤松氏の一族である宇野氏の末裔。宇野弥左衛門重氏が赤穂郡那波山に築城して那波氏を称したという。戦国時代、祐恵のときに商人となり、子宗兵衛以降は姫路城下の豪商となった。

に

西垣 ▼ にしがき

鳥取県東部から京都府北部一帯にかけて集中している名字。県内でも但馬地方に多いほか、丹波市の旧山南町にも集中している。県順位245位。プロ野球国鉄の初代監督やロッテ球団の代表を務めた西垣徳雄は神戸市の生まれである。

西川▼にしかわ

方位由来の名字で関西に多く、とくに奈良県北部や大阪府堺市付近に集中している。県順位は60位で、県内にまんべんなく分布している。

西本▼にしもと

西日本一帯に広く分布する名字で、とくに山陽地方に多い。県順位は143位で、県内にまんべんなく分布している。

西山▼にしやま

方位由来の名字で全国にまんべんなく分布しているが、比較的関西から四国にかけて多い。県順位は80位で、加東市から丹波市にかけて集中している。とくに加東市の旧社町に多い。

丹羽▼にわ

愛知県と岐阜県の名字。播磨三草藩主の丹羽家は清和源氏一色氏の一族。氏明が尾張国丹羽郡丹羽荘（愛知県一宮市）に住んで丹羽氏を称したといい、織田信長の重臣だった丹羽長秀とは別流。

氏次のときに徳川家康に仕え、関ヶ原合戦では東軍に属して、慶長5年（1600）三河伊保藩（愛知県豊田市）1万石を立藩。その後、美濃岩村、越後高柳を経て、延享3年（1746）播磨三草藩1万石となった。明治17年（1884）氏厚のときに子爵となる。

の

野村▼のむら

北陸と山口県、高知県、福岡県などに多い名字で、地名をルーツとするものが多い。県順位は108位で播磨西部に多い。とくに佐用町に集中している。

は

畑▼はた

丹波地区に集中している名字で、多紀郡には国人の畑氏があった。武蔵国の出で、新田義貞の重臣として活躍した畑六郎左衛門時能の末裔といい、南北朝時代に丹波国曾我部郷畑村（篠山市）に移り住んだと伝える。戦国時代、守能は大淵館（篠山市大淵）に拠って波多野氏に従った。天正7年（1579）波多野氏が明智光秀に敗れて降り、この戦で守能の子守国・能国兄弟も討死して滅亡した。県順位189位。丹波地区のほか、加古川市にも多い。

服部▼はっとり

職業由来の名字。古代、機織りを司った服織部《はたおりべ》に由来する。文字からは真ん中の「織」が欠落し、発音上は最後の「べ」が落ちて、「はたおりべ」→「はたおり」→「はっとり」と変化したもの。

服織部のあった場所は地名となったところも多く、最も有名な服部一族である伊賀服部氏も伊賀国阿拜郡服部郷（三重県伊賀市）がルーツ。平安末期に源頼朝に属して、鎌倉時代は幕府の御家人となった。以後、庶子家を分出して阿拜郡・山田郡に勢力を広げた。室町時代には有力国人に成長したが、戦国時代織田信長の伊賀攻めで没落。その後、服部半蔵正成が徳川家康に仕え、江戸時代は伊賀衆とよばれる旗本となった。佐用町や加東市に多い。県内順位193位。

波々伯部▼ははかべ

兵庫県をルーツとする珍しい名字。丹波国多紀郡波々伯部保（篠山市）発祥で、『八木町誌』では藤原北家としている。波々伯部保の開発領主とみられ、鎌倉初期の承久年間から同地に波々伯部氏がいたことが知られる。なお、地名は「ははかべ」だが、名字は「ほうかべ」ともいう。

元弘元年（1331）には波々伯部為光が波々伯部城を築城、足利尊氏の挙兵に参じた。以後、守護細川氏に従い、南北朝時代には丹波国船井郡に進出、やがて八木城主内藤氏の家老となった。戦国時代になると同国何鹿《いかるが》郡に勢力を広げ、小畑城（京都府綾部市）に拠った庶流もある。天正7年（1579）明智光秀の丹波攻略で猪崎城主塩見氏とともに滅亡した。江戸時代、末裔は熊本藩士となっている。

波部▼はべ

丹波地区の名字で、篠山市に集中している。丹波国多紀郡八上上村（篠山市）の旧家に波部家があった。代々篠山藩の大庄屋を務めた。

幕末、本次郎は帯刀を許され、二人扶持を支給された。維新後は兵庫県議を務めている。

浜尾 ▼ はまお

子爵の浜尾家が出石藩士の出である。浜尾新は元老院議官となり、東大総長や文相も務めて、大正11年（1922）子爵となった。跡を継いだ浜尾四郎は検事を務めたのち弁護士を開業、その後探偵作家となった。四郎の次男の実は東宮侍従を務めたのち、教育評論家となっている。現在、県内には少ない。

浜田 ▼ はまだ

地形や地名に由来する名字で、西日本に多い。県内では淡路島と播磨地区に多く、旧北淡町（淡路市）では最多の名字だった。県順位57位。

原 ▼ はら

地形に由来する名字で全国に分布するが。とくに島根県に多い。県順位は81位で、播磨東部から阪神地区にかけて多いほか、淡路島の西淡町（南あわじ市）では最多名字だった。

原田 ▼ はらだ

地名由来の名字で、山陽地方から九州北部にかけて多い。県内では全県にまんべんなく分布している。県順位52位。

播磨 ▼ はりま

播磨国に由来する名字。古代豪族にも播磨氏があり、針間国造の末裔で「針間」とも書いた。景行天皇皇子稲背入彦命の末裔という。平安時代には朝廷の下級官人に播磨家があり末裔か。現在は播磨地区には少なく、阪神地区に多い。

ひ

日生下 ▼ ひうげ

但馬国城崎温泉の旧家に日生下家がある。四所明神の神官を務める傍ら、城崎温泉を開発。現在は同地で旅館「古まん」を経営する。

一柳 ▼ ひとつやなぎ

播磨小野藩主の一柳家は、伊予河野氏の一族で、大永年間（1521～1528）河野通直の庶子宣高が美濃国厚見郡西野村（岐阜県岐阜市）に移って土岐氏に仕え、一柳という名字を与えられたという。尾張国一柳御厨（名古屋市中川区）の地名に由来するともいう。

小野藩主は直盛の二男直家が寛永13年（1636）播磨国加東郡で5000石を分知されたのが祖。同年伊予国の所領と合わせて小野藩2万8600石として立藩した。のち1万石に減知。明治17年（1884）末徳のとき子爵となる。

平井▼ひらい

地名由来の名字で、沖縄と東北以外に広く分布している。県順位114位。佐用町や豊岡市に多い。

平田▼ひらた

地名由来の名字で、各地にルーツがある。現在は東北以外に広く分布しているが、山陽地方から福岡県にかけて多い。近畿地方では近江国愛智郡平田郷（滋賀県彦根市）をルーツとする渡来人系の古代豪族の平田氏がいたなど、古くからみられる。県順位110位で、播磨西部や尼崎市に多い。

平野▼ひらの

地形由来の名字で全国に分布しているが、とくに南関東から東海地方にかけて多い。県順位125位で、まんべんなく分布している。

広瀬▼ひろせ

地形由来の名字。「瀬」とは川の流れが速いところを指し、川幅が広くかつ流れの速いところを「広瀬」と呼んだことに由来する。一般的な地名のため、沖縄と東北を除いて全国に広く分布し、とくに山梨県に多い。県順位138位で、佐用町、丹波市、養父市に多い。

広峯・広嶺▼ひろみね

播磨国の広峯神社（姫路市広嶺）の神職。平安時代中期、凡河内《おうしこうち》躬恒の子勢恒が広峯神社の初代大別当となって以後世襲、勢運のときに広峰氏を称した。鎌倉時代には御家人となり、南北朝時代には足利尊氏に属し、北朝方として活躍している。室町時代には守護赤松氏に属した。江戸時代には姫路藩主の保護を受けた。

末裔は広嶺氏を称し、太子町の稗田神社の神主を務める。

ふ

深沢▼ふかざわ

山梨県と静岡県に集中している名字で県内には少なく、赤穂市と上郡町に集中している。江戸時代には、播磨三日月藩家老に深沢家があった。元禄10年（1697）森長俊が津山藩から分藩して三日月藩を創立した際に、深沢茂邦が家老となり、世子宮内（のちの長記）の傅役《ふやく》を務めたのが祖。以後、代々家老を務めた。家禄は当初300石、のち250石となる。

福井▼ふくい

関西から鳥取県にかけて多い名字。県順位は63位で、全国的にみても「福井」の多い県である。宍粟市や養父市に集中している。

福原▼ふくはら

播磨国佐用郡福原（佐用郡佐用町福原）をルーツとし、同郡の高倉山城主に福原氏があった。戦国時代の城主福原助就は赤松則尚の妹婿であった。天正5年（1577）羽柴（豊臣）秀吉に敗れて落城した。現在は淡路に多い。

福本▼ふくもと

西日本と関東南部に多い名字。県順位は120位と比較的多く、播磨地区に集中している。

藤江▼ふじえ

播磨龍野藩儒に藤江家があった。祖熊陽は赤穂の農家に生まれたが、京都で伊藤仁斎・東涯父子に学び、龍野藩主脇坂安照に藩儒として招聘された。以後、代々藩儒として活躍した。現在は淡路に多い。

舟木▼ふなき

但馬と阪神地区に点在する名字。但馬豊岡藩家老に舟木家があった。代々家老を務める。幕末に藩政改革を行った舟木外記《げき》が著名。

船越▼ふなこし

淡路島に集中している名字。駿河国有度郡船越（静岡市清水区）発祥で、藤原南家。滝口景貞の三男維貞が源頼家に仕えて淡路国三原郡慶野荘倭文（南あわじ市）を領したのが祖。承久の乱後は賀集荘（南あわじ市）の地頭となり、以後水軍を率いて幕府に仕えた。南北朝時代秀定は足利尊氏に仕えた。戦国時代、景直は父景綸とともに守護細川氏に仕えていたが、のち豊臣秀吉に従い、江戸時代は旗本となった。

また、江戸時代淡路国津名郡牧石上村（洲本市五色町）に庄屋を務めた船越家があり、末裔とみられる。

船曳▼ふなびき

兵庫県独特の名字で、播磨地方に集中している。江戸時代は播磨三日月藩医に船曳家があった。播磨国佐用郡上本郷村（佐用町上本郷）の庄屋船曳六郎右衛門の二男尚良が医家として分家したのが祖。子道益が三日月藩主森家に召し出されて藩医となった。その子桃渓は名医として知られる。現在も旧三日月町（佐用町）に多い。

古川▼ふるかわ

流れの変わった古い川に由来する名字。また、こうした地形による「古川」地名も全国各地にあり、地名由来の「古川」も多い。東北から九州まで12県でベスト100に入っているなど、全国に広く分布している。県順位は139位。県の中央部に多く、旧青垣町（丹波市）では3位の名字だった。

ほ

細見▼ほそみ

丹波地区の名字。但馬国細見村（豊岡市出石町）発祥で、府県境をはさんで、丹波市と京都府福知山市に集中している。丹波市の旧春日町では最多の名字となっていた。県順位175位。

堀▼ほり

地形由来の名字で各地にあるが、岐阜県から富山県にかけて多い。県順位は132位。但馬地区以外に広がっており、旧青垣町（丹波市）、旧新宮町（たつの市）、旧西淡町（南あわじ市）などに集中している。

堀井▼ほりい

播磨国加東郡西村（小野市）の豪農に堀井家がある。中世城館跡の堀井構居に住んで菜種絞油業・醤油業・酒造業・米穀流通業などを営み、天保年間（1830～1844）には加古川筋有数の豪農であった。元治～慶応年間（1864～1868）には御用金調達の功により下総古河藩土井大炊頭の御家人に取立てられ「斯波」に改めている。現在は東播磨に多い。

本多▼ほんだ

播磨安志藩主の本多家は、譜代大名を代表する名門の出。藤原氏の末裔で、ルーツは豊後国本多というがはっきりしない。助定のときに足利尊氏に仕えて尾張国横根・粟飯原を与えられ、助時のとき三河国に住んで松平氏に仕えた。以後、代々松平氏に仕えた譜代の重臣である。
寛永16年（1639）姫路藩主だった本多政勝の養子となった政信は、承応2年（1653）に大和国のうちで1万石を与えられて分家し、郡山城内に住んだ。延宝7年（1679）忠英のとき、所領を播磨国宍粟郡に移されて山崎に陣屋を置き、山崎藩を立藩した。明治17年（1884）貞吉のとき子爵となっている。

ま

前川▼まえかわ

方位由来の名字で、関西から石川県にかけて多い。県順位76位。篠山市、加古川市、南あわじ市などに多い。

間島▼まじま

新潟県や香川県に多い名字で、県内には少ない。県内の間島氏は赤松氏の一族。宇野則景の子景能が祖で、赤松御一族衆十八家の一つ。景能は、元弘3年（1333）大塔宮の令旨を受けた赤松則村に従って六波羅を攻め、のち播磨国明石郡平野荘（神戸市西区）を領した。南北朝時代には摂津守護代も務めた。嘉吉の乱では坂本城に籠城して赤松氏とともに一旦滅んだが、康正2年（1456）南朝からの神璽奪還に功をあげ、赤松氏のもとで加賀国守護代を務めた。応仁の乱後、播磨国平野荘に戻る。羽柴（豊臣）秀吉の播磨侵攻の際に氏勝が従って福中城主となり、天正11年（1583）には淡路岩屋城（淡路市）城主となった。しかし豊臣秀次に連座、関ヶ原合戦では西軍に属して帰農した。

増田▼ますだ

あとから増えた田に由来する名字で、静岡県を中心に四国東部から関東南部にかけて多い。県順位77位。豊岡市や加古川市などに多い。

股野▼またの

播磨龍野藩儒に股野家があった。江戸時代中期の股野玉川が著名。また、幕末の達軒は奉行となり、第二次長州戦争では藩兵を率いて広島に出陣している。現在は東播磨や淡路にある。

松井▼まつい

「松」と「井（水汲み場）」に由来する名字で、全国に分布している。県順位は69位。阪神地区と但馬地区に多く、とくに旧香住町（香美町）に集中している。

松浦 ▼ まつうら

全国に広く分布する名字で、嵯峨源氏松浦党の末裔というものが多い。県順位140位で、県の南部に多い。

松尾 ▼ まつお

摂津国菟原郡魚崎村（神戸市東灘区）の旧家に松尾家がある。代々酒造業を営み、江戸時代後期には庄屋・年寄を務めた。4300点に及ぶ同家文書は平成7年神戸市文書館に寄贈された。

県順位66位。但馬地区以外に広く分布する。

松岡 ▼ まつおか

「松の生えている岡」という意味での地形由来の名字で、全国各地にルーツがある。とくに西日本に多い。県順位は78位。姫路市付近に多く、福崎町では最多の名字である。また旧浜坂町（新温泉町）にも多い。日本画家松岡映丘、柳田國男ら「松岡五兄弟」は神崎郡福崎町の生まれである。

松下 ▼ まつした

「松の下」という意味の地形由来の名字だが、地名由来のものも多い。静岡県と鹿児島県に多い。県順位は82位で、朝来市と淡路島に多い。

松原 ▼ まつばら

摂津国有馬郡塩田荘（神戸市北区）の国人に松原氏があった。赤松氏の一族と伝えるが不詳。戦国時代は松原城（北区道場町）に拠り、有馬氏、別所氏などに従った。天正7年（1579）羽柴（豊臣）秀吉方の中川清秀らに敗れて落城した。県順位は134位。西脇市に多い。

円尾 ▼ まるお

兵庫県独特の名字で、姫路市付近に集中している。江戸時代は、播磨国揖西郡龍野城下（たつの市）の豪商に円尾家があった。戦国時代、孫右衛門は龍野城主赤松村秀に仕える武士だったが、赤松氏の滅亡後いちはやく醤油醸造を始めた。延享3年（1746）には京にも進出、幕末には近隣の大豆農家と直接契約、また塩田地主と共同で自家用の塩田を開くなど、近代的なシステムをつくり上げていた。幕末の与左衛門は龍野町の惣年寄も務めている。維新後も円尾合名会社として、昭和37年まで醤油醸造を続けた。

丸山▼まるやま

地形由来の名字で、長野県から新潟県にかけて非常に多い。県順位は１１２位。播磨東部に多く、旧滝野町（加東市）では最多の名字だった。西脇市にも多い。

み

三浦▼みうら

相模国の三浦半島をルーツする桓武平氏の一族で、県内では西播磨に多い。

播磨国印南郡高砂町（高砂市）に塩屋と号した豪商の三浦家があった。やはり桓武平氏三浦氏の末裔と伝え、三浦氏が北条氏に滅ぼされた際に高砂に逃れたという。製塩や塩の販売を手掛け、姫路藩御用達のほか、高砂町大年寄も務めた。県順位１０４位。

三方▼みかた

兵庫県独特の名字で、養父市の旧大屋町と丹波市の旧氷上町に集中している。

日下部氏の一族で、弘安8年（１２８５）の但馬国太田文に大屋庄の下司として三方権守清行の名がみえる。南北朝時代は三方城（養父市大屋町宮垣）に拠って南朝に属していた。天正5年（１５７７）の羽柴（豊臣）秀吉の第一次但馬侵攻の際に降伏し、以後は宮部善祥坊に属した。

水谷▼みずたに

但馬国の国人に水谷氏がいた。藤原北家宇合流。重清が大江広元の猶子となり水谷と号したのが祖。のち但馬国に所領を得ている。子重輔は鎌倉幕府の御家人となった。南北朝時代は北朝に属した。観応の擾乱の際に直義に従って奥州に転じ、以後は不明。県順位３０７位。姫路市や朝来市に多い。

三谷▼みたに

播磨国印南郡高砂町（高砂市）に柴屋と号した豪商の三谷家があった。高砂町の大年寄も務めた。県順位３４１位。県内に広く分布する。

南▼みなみ

本家や中心となる集落からみて南の方にあることに因む方位由来の名字。近畿地方から北陸地方に多く、県順位は１２７位。県内にまんべんなく分布している。

三宅▼みやけ

岡山県に非常に多い名字で、備中国児島郡三宅郷(岡山県玉野市)をルーツとするものが多い。江戸時代中期の儒学者三宅尚斎は明石市の生まれ。現在、県内ではまんべんなく分布し、県順位は97位。

宮崎▼みやざき

地名由来の名字で各地にルーツがあり、沖縄と東北以外に広く分布している。県順位67位。播磨東部から阪神地区に多く、とくに多可町や尼崎市に集中している。

宮下▼みやした

但馬地方と加古川市に多い名字。「宮下」とは、神社の下、あるいは氏子を指す。県内では、但馬国美含郡安木(城崎郡香住町)に山林地主で豪商の宮下家があった。文久２年(１８６２)には３００石積帆船を購入して北前船主となった。維新後は金融業も行い、明治30年(１８９７)には美含《みくみ》銀行を設立。明治末には廻船業を撤退、以後は山林経営を中心とした。県順位２７８位。

む

村田▼むらた

地名由来の名字で各地にルーツがあり、現在も沖縄以外に広く分布している。県順位１３１位で、県内にまんべんなく分布している。

も

籾井▼もみい

福岡県と丹波地方の名字。県内では篠山市に集中している。宇多源氏とも清和源氏ともいう。籾井城(篠山市)に拠って波多野氏に仕えた。天正4年(１５７６)教業のとき羽柴(豊臣)秀吉に敗れて落城、討死した。

森田▼もりた

地形由来の名字で、関東以西に広く分布している。県順位は58位。県内では但馬地区に多い。

や

八木▼やぎ

西播磨に多い名字で、旧新宮町

（たつの市）では最多の名字だった。日下部姓で、朝倉高清の子高清が但馬国養父郡八木谷（養父市八鹿町）を本拠として八木氏を称したのが祖。鎌倉時代には但馬の有力御家人となり、一族は但馬各地に広がっていた。惣領家は八木城に拠って、八木但馬守を称していた。室町時代には但馬守護山名氏に仕えて重臣となり、山名四天王といわれた。戦国時代になって山名氏の勢力が衰えると、自立して戦国大名となった。天正8年（1580）豊信のとき羽柴（豊臣）秀吉の但馬攻めで落城、山名氏とともに没落した。江戸時代は4000石の旗本となっている。県順位100位。

矢代▼やしろ

丹波国多紀郡矢代（篠山市矢代）をルーツとする名字。桓武平氏畠山氏の一族といい、波多野氏に属していた。天正6年（1578）波多野氏とともに滅亡した。

安田▼やすだ

地名由来の名字で各地にルーツがあり、全国に広く分布している。県順位は87位。但馬地区と尼崎市、西宮市に多い。

安福▼やすふく

全国的にみても兵庫県に多い名字で、連内では神戸市西区を中心に、東播磨から阪神地区の間に集中している。

播磨国美嚢郡下南村（三木市）には旧家の安福家がある。小野姓で小野好古の末裔と伝える。代々明石藩領小川組の大庄屋を務め、名字帯刀も許されていた。

八瀬▼やせ

兵庫県の名字で、たつの市に集中している。播磨国揖西郡中垣内村（たつの市揖西町中垣内）に旧家の八瀬家があり、龍野藩の大庄屋を務めた。寛政2年（1790）に建てられた同家住宅は、たつの市指定文化財である。

矢野▼やの

各地の地名がルーツで、県内では播磨国赤穂郡矢野（相生市）発祥で、清和源氏の矢野氏が著名。

県内に広く分布するが、とくに西播磨に多い。県内順位126位。

山内▼やまうち

地形由来の名字で全国にまんべんなく分布し、比較的、沖縄県、愛媛県、青森県などに多い。また、地名由来のものもあり、武家の山内氏は相模国鎌倉郡山内荘（神奈川県鎌倉市山ノ内）をルーツとする、藤原北家秀郷流の一族であるというものが多い。県順位124位。とくに丹波地区に多い。

山名▼やまな

明治元年交代寄合から但馬村岡藩として立藩した山名家は、山陰の守護大名山名氏の末裔。上野国多胡郡山名（群馬県高崎市山名町）発祥で、清和源氏新田氏流。新田義重の子義範が山名に住んで山名氏を称したのが祖。康永2年（1343）に時氏が丹波守護となっている。康応元6年（1389）、山名氏の惣領時義が死去した時点で山名一族の領国は12か国を数え、日本全国の六分の一を保有して、「六分一殿」と呼ばれた。このため、三代将軍義満は山名一族の勢力を削ぐために、山名氏の惣領権をめぐる内訌を利用して、康応元年（1389）に氏清・満幸に時煕・氏幸を討たせ、さらに満幸も追放。満幸は挙兵したものの幕府軍に敗れた（明徳の乱）。その後は次第に勢力を回復し、嘉吉元年（1441）の嘉吉の乱で赤松義祐を討って再び10か国の守護を兼ねるまでに回復している。

応仁の乱では持豊が西軍の総帥を務めて京の戦乱のなかにあるうちに、各地の領国は国人層の台頭で奪われ、戦国末期には所領は因幡国・但馬国のみとなっていた。そして、天正8年（1580）豊臣秀吉によって但馬出石城が落城、山名宗家は滅亡した。

一方、鳥取城主の豊国（禅高）は羽柴（豊臣）秀吉に通じたが、毛利方の吉川元春の意向を汲んだ家臣によって城を追放され大名としての山名家は一旦滅亡。豊国は関ヶ原合戦で東軍に属し、慶長6年（1601）但馬国七美郡で6700石の交代寄合となり、同郡兎束に陣屋を置いた。三代矩豊のとき陣屋を同郡村岡（美方郡香美町村岡）に移した。明治元年（1868）義済のとき1万1000石に加増されて諸侯に列し、同17年（1884）義路のとき男爵となる。

山中▼やまなか

文字通り山の中を意味する地形由来の名字で各地にある。高知県でベストテンに入っているほか、関西や北関東にも多い。県順位129位。県内では阪神地区や旧青垣町（丹波市）に多い。

山根▼やまね

地形由来の名字で中国地方に集中している。県内でも但馬地区に集中しており、県順位115位。

山邑▼やまむら

摂津国菟原郡魚崎村（神戸市東灘区魚崎南）の酒造家に山邑家がある。「桜正宗」の醸造元。享保2年（1717）伊丹荒牧で荒牧屋と号して酒造業を創業。大坂・伝法を経て、幕末に魚崎に転じた。慶応3年（1867）の兵庫開港に伴う兵庫商社設立に際しては、山邑太左衛門が世話役として参加するなど、灘五郷を代表する蔵元であった。同家住宅（ヨドコウ迎賓館）は国の重要文化財である。

よ

横山▼よこやま

地名由来の名字で各地にルーツがあるが、武蔵七党の一つ横山党の末裔と称するものが多い。県順位65位で、播磨地区に多い。

吉岡▼よしおか

関西から中国・四国にかけての名字で、とくに奈良県に多い。県順位は103位。豊岡市に多い。

吉川▼よしかわ

「恵みをもたらす川」としての「吉川」に由来するものと、芦を「ヨシ」と言い換えて、ヨシの茂る川に由来するものがある。関西に多い名字で、県順位は95位で、多可町に集中している。

米田▼よねだ

「米」を栽培する「田」という意味の地形由来の名字ため全国に広く分布するが、比較的関西に多く、とくに兵庫県の但馬地方に集中している。県順位144位。

依藤▼よりふじ

兵庫県独特の名字。播磨国加東郡の国人に依藤氏があり、応仁の乱の際、則忠は赤松政則に従って活躍し、以後豊地城（東条城、小野市）に拠って赤松氏に従う。永禄2年（1559）別所氏に滅ぼされ、一族は江戸時代に帰農して庄屋を務めた。現在も西脇市周辺に集中している。

わ

脇坂▼わきさか

播磨龍野藩主の脇坂家は、近江国浅井郡脇坂荘（滋賀県長浜市湖北町）発祥。『寛政重修諸家譜』では浅井氏となっているが、安明以前ははっきりせず、出自も不詳。安明の子安治は翌年羽柴（豊臣）秀吉に仕え、天正11年（1583）の賤ヶ岳合戦で活躍、七本槍の一人となり3000石に加増。以後累進して、同13年（1585）には淡路洲本で3万石を領した。

慶長5年（1600）関ヶ原合戦では西軍について小早川秀秋に属したが、東軍に内応して開戦後寝返っている。同14年（1609）伊予大洲藩5万3500石を立藩。寛文12年（1672）安政のときに播磨龍野5万3000石に転封。天保7年（1836）安董《やすただ》は西の丸老中となり、翌8年には本丸老中となっている。子安宅《やすおり》も老中となって大老井伊直弼を補佐した。明治17年（1884）安斐《やすあや》のときに子爵となる。

和田▼わだ

地名由来の名字で各地にあり、比較的関西から四国にかけて多い。歴史的には相模国三浦郡和田（神奈川県三浦市初声町和田）をルーツとする桓武平氏の和田氏が著名で、この末裔というものが多い。県順位55位。県内にまんべんなく分布している。

あとがき

兵庫県に限ったことではないが、平成の大合併によって自治体の数が激減した。地方自治的には、これによって広域な行政が可能となって効率的になったわけだが、名字という点からみると合併したことによって地域の特徴が見えづらくなったという側面がある。

たとえば、合併以前は淡路島には11の自治体があり、すべて一番多い名字が違っていた。つまり「島」という閉ざされた淡路地区の中でも、各地域ごとの名字の分布の特徴が如実にあらわれていたのだが、島内が三つの市に統合されたことで、こうした地域ごとの違いは目立たなくなってしまった。同じように氷上郡全体が合併で丹波市に統一されたことにより、旧青垣町では人口の四割近くが足立さんだった、といった特徴もわからなくなっている。

そもそも、自治体が広域化されるということは、そこに暮らす人たちの生活が広域化して実態に即していなかったということだろう。名字は人とは切って離せない関係にあり、人が移動すれば自然と名字も移動することになる。人口の八割以上が農民だった時代、ほとんどの人は土地に縛られており、その土地を離れてよその場所に移り住むことは少なかった。人の生活圏が歩く範囲である時代には、村の規模も歩ける範囲だった。江戸時代の村はいまの大字程度で、村ごとに名字には特徴があったはずだ。村の範囲が大きくなると、名字の種類が増えて特徴的な名字は少なくなる。また方位由来の名字は村の中心を基点としていたはずだが、複数の村が集まって町となると、その基点はぼやけていく。さらに発展して市となると、次第に特徴は薄れていく。平成の大合併において、近隣の市や町が集まってできた新しい市は、江戸時代以前の郡に近く、その中で多数を占めることのできる名字は、ごく限られたメジャーなもののみになっていった。

合併が進んでまだ10年前後しかたたないため、今ではまだ旧町名を覚えているが、やがてこうした旧町名は忘れられていき、地域の特徴はさらに薄まっていくに違いない。しかし、いくら地域性が薄れようとも、その地域にあった歴史そのものがなくなってしまうわけではない。そして、名字にはこうした地域の歴史が込められているのだ。言い換えれば、行政単位からは読み取りづらくなった地域の歴史が、タイムカプセルのように名字に残っているともいえる。

大都市から、日本海側の漁村や瀬戸内海の離島まで、幅広い顔を持つ兵庫県には、さまざまな歴史があり、それらを背景とした多様な名字が揃っている。本書に自分の名字が掲載されていた人も、またそうでない人も、名字に込められた一族の歴史に思いをはせていただきたい。

二〇一六年十月

森岡　浩

INDEX

あ行

藍　あい……160
阿江　あえ……36、160
青木　あおき……121、160
青田　あおた……160
青山　あおやま…10、124、143、160
赤井　あかい……161
明石　あかし……130、161
赤松　あかまつ…17、32、63、101、116、122、128、133、135、161
秋田　あきた……124
秋武　あきたけ……38
秋山　あきやま……122
芥田　あくた……153、161
浅井　あさい……124
朝来　あさご……162
浅田　あさだ……123
浅野　あさの……22、123、140
浅原　あさはら……42
芦田　あしだ…40、43、122、162
東　あずま…44、45、122、162
阿曽　あそ……38
安宅　あたか……162
安宅　あたぎ……162
足立　あだち…31、38、39、42、43、99、120
安達　あだち……123
阿比留　あびる……152
安倍　あべ……14
阿部　あべ…40、41、43、121、163
安保　あぼ……38
英保　あぼ……163
網干　あぼし……153
阿万　あま……163
尼子　あまこ……147
天野　あまの……123
綾部　あやべ……163
新井　あらい……123、163
荒木　あらき……121、163
有田　ありた……164
在原　ありはら……14
有馬　ありま……17、130、164
安達　あんだち……48
安達　あんだつ……48
安東　あんどう……22
安藤　あんどう……122
飯田　いいだ……123
居内　いうち……41
伊賀　いが……22
猪飼　いがい……19
井垣　いがき……39
生島　いくしま……164
生田　いくた……124
井口　いぐち……122
池内　いけうち……124
池上　いけがみ……124
池田　いけだ……34、100、120
生駒　いこま……165
井沢　いざわ……36
石井　いしい……121、165
石上　いしがみ……41、165
石川　いしかわ……121、165
石田　いしだ……43、118、120
石束　いしづか……27、165
石橋　いしばし……123
石原　いしはら…36、42、121、165
出石　いずし……153、166
泉　いずみ……123
出雲　いずも……14
伊勢　いせ……145
伊勢屋　いせや……20
礒野　いその……36
伊丹　いたみ……166
一筆　いっぴつ……22
糸井　いとい……166
伊藤　いとう…20、25、34、42、98、120
稲岡　いなおか……32、36
稲垣　いながき……124
猪名川　いながわ……153
稲田　いなだ……123、166
稲津　いなづ……166

稲次　いなつぐ……………………167
乾　いぬい……………………153
犬飼　いぬかい…………………19
井上　いのうえ… 25、30、34、36、37、38、42、43、54、120
猪子　いのこ……………………167
今井　いまい……… 43、121、167
今村　いまむら…………………123
入江　いりえ……………………123
岩井　いわい……………………123
岩崎　いわさき………… 121、167
岩田　いわた……………………122
岩本　いわもと………… 121、167
上垣　うえがき…………… 39、43
上田　うえだ…35、42、43、94、120
植田　うえだ…………… 121、167
上野　うえの…………… 121、168
上原　うえはら…………………124
上村　うえむら…………… 44、123
植村　うえむら…………………124
上山　うえやま…………………123
魚崎　うおざき…………………153
魚住　うおずみ…………………168
魚屋　うおや……………………20
鵜飼　うかい……………………19
牛尾　うしお……………… 37、43
内田　うちだ……………………122
内橋　うちはし…………………42
慈　うつみ………………………23
内海　うつみ… 38、43、122、168
台　うてな………………………153
有年　うね………………………153
宇野　うの……17、107、129、168
鵜野　うの………………… 37、43
馬場　うまば……………………47
梅田　うめだ……………………124
浦上　うらかみ…………………169
越後屋　えちごや………………20
榎本　えのもと…40、41、43、124、169
戎　えびす………………………41
海老名　えびな…………………169
遠藤　えんどう…………… 42、122
淡河　おうご……………………170
大石　おおいし…… 123、141、170
大内　おおうち…………………131
大江　おおえ……… 14、124、138
大川　おおかわ…………………123
大河原　おおかわら……………170
大北　おおきた…………………37
大久保　おおくぼ………………123
大蔵　おおくら…………… 14、20
大島　おおしま…………………123
大城　おおしろ…………………34
太田　おおた……… 43、121、170
大田　おおた……………………124
太田垣　おおたがき……………170
大谷　おおたに…… 46、121、171
大塚　おおつか………… 122、171
大槻　おおつき ……………32、171
大歳　おおとし…………………171
大伴　おおとも……………… 9、14
大鳥　おおとり…………………61
大西　おおにし… 35、36、42、43、80、120
大野　おおの…………… 121、171
大橋　おおはし…………………122
大前　おおまえ…………… 32、123
大村　おおむら…………………124
大森　おおもり…………………123
大山　おおやま…………………123
岡　おか……………… 121、171
小粥　おがい……………………22
岡崎　おかざき…………………122
小笠原　おがさわら………… 94、172
岡田　おかだ…… 42、43、82、120
岡野　おかの……………………123
岡部　おかべ……………………124
尾上　おがみ……………………47
岡村　おかむら…………………123
岡本　おかもと… 37、42、43、74、120
小川　おがわ……… 18、121、172
小河　おがわ……………………172
置塩　おきしお…………………153
荻野　おぎの… 32、40、43、122、

172
奥田　おくだ……………　121、173
奥藤　おくとう…………………173
奥野　おくの……………………122
奥村　おくむら…………………123
小椋　おぐら…………………… 38
小倉　おぐら……………………123
淡河　おごう……………………170
尾崎　おざき………　43、121、173
納　おさめ…………………… 41
織田　おだ……………　10、48、173
小田　おだ………………　122、173
小田垣　おだがき………………… 39
越智　おち………………………… 14
小野　おの………9、14、121、174
尾上　おのうえ………………… 47
尾上　おのえ…………………… 47
小畑　おばた…………………… 46
尾松　おまつ…………………… 40
織田　おりた…………………… 48

か行

改発　かいはつ………………… 38
垣屋　かきや……………………174
角　かく………………………… 46
角田　かくだ…………………… 47
花山院　かざんいん………………143
柏原　かしはら………………… 48
梶原　かじはら………………… 45
加集　かしゅう…………　153、175
柏木　かしわぎ……………43、123
柏原　かしわばら……………… 48
柏原　かしわら………………… 48
梶原　かじわら……………45、175
春日　かすが…………………… 14
糟屋　かすや……………………175
片岡　かたおか…………………122
片山　かたやま…………　121、175
桂　かつら……………………… 32
加藤　かとう…　20、25、120、176
角田　かどた…………………… 47
角　かど………………………… 46
門脇　かどわき………………… 37
金川　かながわ…………………176
金沢　かなざわ…………………123
可児　かに………………………176
金子　かねこ……………………123
金田　かねだ……………………124
嘉納　かのう……………………147
株本　かぶもと………………… 39
鎌田　かまた……………………123
神野　かみの…………………… 47
上村　かみむら………………… 44
亀井　かめい……………………124
萱野　かやの……………………177
河合　かわい……………　123、177
川上　かわかみ…………　122、177
川口　かわぐち…………………122
川崎　かわさき……　38、121、177
河野　かわの………………　44、45
川端　かわばた…………………122
川見　かわみ…………………… 39
河村　かわむら…………………124
川村　かわむら…………………124
河本　かわもと………………… 46
川本　かわもと…………………124
瓦林　かわらばやし……………177
菅　かん…………………………177
神吉　かんき…　17、36、153、178
神崎　かんざき…………………178
神沢　かんざわ………………… 36
神田　かんだ……………………123
河南　かんなん………………… 40
菅野　かんの…………………… 44
神野　かんの…………………… 47
神戸　かんべ…………………… 36
木内　きうち…………………… 47
来住　きし……………………… 36
岸　きし…………………………123
岸田　きしだ……………………122
岸本　きしもと…31、42、43、105、120
北風　きたかぜ…………………178
北川　きたがわ…………………122
北野　きたの……………36、122
喜多野　きたの……………………178

北畠　きたばたけ……………… 101
北村　きたむら…… 43、121、179
北山　きたやま………………… 123
木内　きない…………………… 47
衣笠　きぬがさ……… 32、43、123
紀　きの………………………… 14
木内　きのうち………………… 47
木下　きのした………… 120、179
吉備　きび……………………… 14
木村　きむら………… 43、95、120
京極　きょうごく………… 10、179
清原　きよはら………………… 14
杭瀬　くいせ………………… 153
九鬼　くき…………………… 180
久下　くげ………………… 40、180
久語　くご……………………… 36
日下部　くさかべ…………… 14、180
櫛田　くしだ………………… 180
櫛橋　くしはし……………… 181
楠田　くすだ……………… 37、43
久保　くぼ……………… 121、181
久保田　くぼた…………… 122、181
久米　くめ……………… 14、181
公文　くもん…………………… 20
栗岡　くりおか…………… 38、43
黒石　くろいし……………… 181
鉄　くろがね………………… 153
黒田　くろだ… 31、37、120、135、182
桑原　くわばら……………… 124
下司　げし……………………… 20
毛戸　けど……………………… 39
甲賀　こうか………………… 182
香西　こうざい……………… 131
江田　こうだ…………………… 45
神田　こうだ………………… 182
上月　こうづき…17、32、124、153、183
国府寺　こうでら…………… 183
河野　こうの… 44、45、122、183
神野　こうの…………………… 47
鴻池　こうのいけ…………… 147
孝橋　こうはし……………… 191
河本　こうもと………………… 46
小粥　こがい…………………… 22
古角　こかど…………………… 37
古川　こがわ…………………… 44
小坂　こさか………………… 124
越賀　こしか………………… 183
小島　こじま………………… 123
児島　こじま………………… 184
小谷　こたに……… 46、121、184
木造　こづくり……………… 101
小寺　こでら… 32、123、136、184
後藤　ごとう… 20、37、42、43、120、184
小西　こにし……… 42、120、185
小畑　こばた…………………… 46
小林　こばやし… 37、38、42、43、60、120
狛　こま………………………… 14
小松　こまつ………………… 122
小紫　こむらさき……………… 36
小山　こやま……… 43、121、185
是常　これつね………………… 37
今田　こんた…………………… 44
近藤　こんどう…20、43、120、185

さ行

西園寺　さいおんじ…………… 80
西川　さいかわ………………… 44
三枝　さいぐさ…………… 46、152
税所　さいしょ………………… 20
斉藤　さいとう…20、41、121、185
斎藤　さいとう…… 92、124、185
西原　さいばら………………… 45
佐伯　さえき… 14、36、42、122、185
三枝　さえぐさ…… 46、152、186
酒井　さかい… 10、39、43、121、132、138、186
坂井　さかい………………… 124
坂上　さかうえ………………… 14
坂口　さかぐち……………… 122
坂田　さかた………………… 122
坂本　さかもと…11、42、43、108、

120
阪本　さかもと…32、34、108、123
坂元　さかもと…108
桜井　さくらい…35、122、186
佐々木　ささき…17、34、43、121、135、187
笹倉　ささくら…32、36、37、42、124、187
佐藤　さとう…20、25、34、35、42、97、120
佐野　さの…122、187
佐用　さよう…153
沢田　さわだ…121、187
塩川　しおかわ…187
塩田　しおた…187
塩谷　しおたに…32、36、46
志方　しかた…188
篠原　しのはら…123
柴田　しばた…43、121、188
渋谷　しぶたに…36、46
島田　しまだ…122、188
嶋田　しまだ…124
島津　しまづ…22
志水　しみず…38、43、124
清水　しみず…93、120
下雅意　しもがい…39
下山　しもやま…188
釈　しゃく…23
庄　しょう…38
正垣　しょうがき…39
庄司　しょうじ…20、188
庄子　しょうじ…20
東海林　しょうじ…20
上西　じょうにし…44
白井　しらい…123
新谷　しんたに…46
進藤　しんどう…188
神野　じんの…47
水渡　すいと…189
菅野　すがの…44、123、189
菅原　すがはら…45、46、123
菅原　すがわら…14、15、46、66
杉本　すぎもと…121、189
杉山　すぎやま…123
鈴木　すずき…25、34、97、110、120
砂川　すながわ…36
角　すみ…46
角田　すみだ…47
住本　すみもと…36
関　せき…22、123
舌　ぜつ…155
仙石　せんごく…189
善財　ぜんざい…21
阡陌　せんぱく…155
宗和　そうわ…41
蘇我　そが…9、14
曽谷　そたに…38
岨　そわ…155
曽輪　そわ…155
楚輪　そわ…155

た行

鯛　たい…41
田結庄　たいのしょう…153、190
高井　たかい…123
高垣　たかがき…39
高木　たかぎ…121、190
高階　たかしな…14
高島　たかしま…123
高須　たかす…191
高瀬　たかせ…36、42、123
高田　たかだ…36、40、41、43、113、120
高谷　たかたに…32、46
高橋　たかはし…42、43、78、120
孝橋　たかはし…191
高原　たかはら…32、124
高松　たかまつ…124
高見　たかみ…32、37、42、43、121、191
高山　たかやま…124
滝田　たきた…191
田公　たきみ…153、191
田口　たぐち…122
竹内　たけうち…114、120

武田　たけだ…　34、40、43、121、191
竹田　たけだ……………………122
竹中　たけなか…………　122、192
炬口　たけのくち…………　41、153
建部　たけべ……………………192
竹本　たけもと…………………123
多鹿　たじか……………………　36
田尻　たじり……………………192
多田　ただ……43、121、126、192
橘　たちばな……　35、122、192
立花　たちばな…………………124
辰馬　たつうま…………………192
立岩　たていわ…………………　37
田中　たなか…18、25、30、33、34、35、37、39、40、42、43、50、120
田辺　たなべ……………………123
谷　たに…………………………122
谷垣　たにがき……………　39、193
谷川　たにがわ…………………122
谷口　たにぐち……　43、104、120
谷本　たにもと…………………123
田原　たはら……………………124
田渕　たぶち……………………122
玉田　たまだ…　32、38、43、122、193
田村　たむら……………　120、193
垂水　たるみ……………………193
丹波　たんば……………………　14
千原　ちはら……………………193
塚本　つかもと…………………122
津崎　つざき……………………　39
辻　つじ………………　121、193
辻本　つじもと…………………124
津田　つだ……………　122、193
土屋　つちや……………………　44
筒井　つつい……………………124
常深　つねみ……………………　36
常峰　つねみね…………………　37
恒屋　つねや……………………193
角　つの…………………………　46
角田　つのだ……………………　47
椿野　つばきの…………………　38
紡車　つむ……………………　154、156
紡車田　つむた…………………156
栗花落　つゆ……………………156
栗花落　つゆり…………………156
出口　でぐち……………………124
寺田　てらだ…………　122、194
寺本　てらもと…………………123
田　でん……………　156、194
土井　どい…………118、121、194
土居　どい………………………124
田路　とうじ…………32、38、152
土岐　とき………………………140
時本　ときもと…………………　36
徳岡　とくおか…………………　36
徳川　とくがわ…………　138、145
徳平　とくひら……………37、195
得平　とくひら…………………195
十倉　とくら……………………　40
戸田　とだ………………………122
栃尾　とちお……………………　39
戸部　とべ………………………　20
富田　とみた……………………123
富山　とみやま…………………195
友井　ともい……………………195
豊田　とよた……………………123
鳥飼　とりかい…………………　19

な行

内藤　ないとう……　43、122、195
中井　なかい………　43、121、196
永井　ながい…………　121、196
長井　ながい…………　124、196
中尾　なかお…　39、43、121、196
長尾　ながお………　41、122、196
中川　なかがわ…………　109、120
中作　なかさく…………………　36
長沢　ながさわ……………39、124
中島　なかじま……　43、107、120
中嶋　なかじま…………………123
長島　ながしま…………………196
中田　なかた…………　121、196
永田　ながた……………………122
長田　ながた…………　124、196

中谷　なかたに…36、46、121、197
中塚　なかつか…43、123
中臣　なかとみ…14
永富　ながとみ…197
中西　なかにし…120、197
中野　なかの…40、43、111、120
長野　ながの…40、41、43、124
長浜　ながはま…197
中原　なかはら…123
中村　なかむら…25、34、42、43、62、120
中本　なかもと…123
中山　なかやま…121、197
凪　なぎ…41
那波　なば…197
鍋屋　なべや…20
難波　なんば…37、43、124
西　にし…123
西尾　にしお…122
西岡　にしおか…40、43、122
西垣　にしがき…32、39、123、197
西川　にしかわ…44、120、198
西口　にしぐち…124
西田　にしだ…119、120
西谷　にしたに…39、46、124
西村　にしむら…37、42、43、91、120
西本　にしもと…122、198
西山　にしやま…38、42、43、121、198
西脇　にしわき…124
新田　にった…123
丹羽　にわ…110、198
沼田　ぬまた…124
能年　のうねん…157
野口　のぐち…122
野田　のだ…34、122
野々村　ののむら…36
野村　のむら…43、121、198

は行

萩原　はぎはら…45
萩原　はぎわら…45
箱木　はこぎ…150
土師　はじ…14
橋本　はしもと…42、43、70、120
長谷川　はせがわ…36、42、43、102、120
秦　はた…14
畑　はた…32、39、43、122、198
波多野　はたの…112、131
服部　はっとり…122、154、199
花房　はなぶさ…36
馬場　ばば…47、122
波々伯部　ははかべ…131、153、157、199
波部　はべ…40、199
浜尾　はまお…200
浜口　はまぐち…124
浜崎　はまさき…124
浜田　はまだ…40、41、43、120、200
浜野　はまの…32、124
浜本　はまもと…124
林　はやし…42、92、120
原　はら…36、41、42、121、200
原田　はらだ…43、120、200
播磨　はりま…200
春名　はるな…32、38、43、123
坂　ばん…44
馬場　ばんば…47
日生下　ひうげ…200
比嘉　ひが…34
東　ひがし…44、45
東根　ひがしね…41、43
樋口　ひぐち…34、122
土屋　ひじや…44
一柳　ひとつやなぎ…200
平井　ひらい…121、201
平岡　ひらおか…124
平田　ひらた…117、121、201
枚田　ひらた…153
平野　ひらの…121、201
平山　ひらやま…122
昼間　ひるま…22
広瀬　ひろせ…81、121、201

広田　ひろた…… 123
広峯　ひろみね…… 201
広嶺　ひろみね…… 201
深沢　ふかざわ…… 201
婦木　ふき…… 40
福井　ふくい… 35、42、43、120、202
福岡　ふくおか…… 123
福島　ふくしま…… 122
福田　ふくだ…… 42、106、120
福永　ふくなが…… 122
福原　ふくはら…… 202
福本　ふくもと…… 121、202
藤井　ふじい…… 42、88、120
藤江　ふじえ…… 202
藤岡　ふじおか…… 122
藤川　ふじかわ…… 124
藤田　ふじた…… 35、42、84、120
藤野　ふじの…… 124
藤原　ふじはら… 31、45、58、124
藤本　ふじもと… 31、42、43、72、120
藤原　ふじわら… 10、15、20、30、35、36、37、39、40、42、43、45、58、88、97、98、120、131
富士原　ふじわら…… 30、58
不死原　ふじわら…… 30、58
藤藁　ふじわら…… 30、58
舟木　ふなき…… 202
船越　ふなこし…… 202
船曳　ふなびき…… 38、43、202
古井　ふるい…… 151
古川　ふるかわ…… 122、203
平郡　へぐり…… 36、42
平群　へぐり…… 36
別所　べっしょ…17、130、131、133、150
波々伯部　ほうかべ… 153、157、199
蓬莱　ほうらい…… 36
細川　ほそかわ…… 123、131
細見　ほそみ…31、32、39、40、43、122、203
堀田　ほった…… 22、48
堀　ほり…… 121、203
堀井　ほりい…… 203
堀田　ほりた…… 48
本田　ほんだ…… 122
本多　ほんだ…… 203

ま行

前川　まえかわ…40、43、121、204
前田　まえだ…34、37、42、43、66、120
牧野　まきの…… 124
正木　まさき…… 124
増田　ました…… 44
間島　まじま…… 204
増田　ますだ…… 44、121、204
股野　またの…… 204
松井　まつい…… 121、204
松浦　まつうら…… 122、205
松尾　まつお… 36、42、120、205
松岡　まつおか… 37、43、121、205
松下　まつした…… 121、205
松田　まつだ…… 35、112、120
松平　まつだいら… 22、82、138、145
松原　まつばら…… 121、205
松村　まつむら…… 122
松本　まつもと… 34、36、37、42、43、56、120
松山　まつやま…… 124
丸尾　まるお…… 32、38、124
円尾　まるお…… 205
丸山　まるやま…… 42、121、206
万代　まんだい…… 38
三浦　みうら… 38、43、121、206
三枝　みえだ…… 46、152
三方　みかた…… 206
三木　みき…… 37、43、116、120
三木田　みきた…… 153
水嶋　みずしま…… 39
水田　みずた…… 17、32、35、123
水谷　みずたに…… 46、124、206
水野　みずの…… 123
溝口　みぞぐち…… 124

三谷　みたに………　46、124、206
南　みなみ……………　121、206
三村　みむら………………………123
三宅　みやけ……………　121、207
京都　みやこ……………………　76
宮崎　みやざき…37、42、43、121、207
宮下　みやした…………　123、207
宮田　みやた………………………122
宮本　みやもと……　43、117、120
宮脇　みやわき……………………123
三好　みよし………………70、123
三輪　みわ…………………………123
向井　むかい………………………123
無敵　むてき……………………　21
村上　むらかみ… 42、43、90、120
村田　むらた……………　121、207
妻鹿　めが…………………………153
目木　めぎ………………………　38
毛利　もうり… 90、96、116、132、134、147
物部　もののべ………………9、14
籾井　もみい………………………207
森　もり… 40、41、43、96、120
森岡　もりおか……………………124
森垣　もりがき…………………　39
森蔭　もりかげ…………………　38
森川　もりかわ……………43、122
森口　もりぐち……………………124
森下　もりした……………………122
森田　もりた…　35、42、120、207
森谷　もりたに…………………　46
森本　もりもと…42、43、101、120
杜本　もりもと……………………101
森脇　もりわき……………………124

や行

八木　やぎ…………　38、121、207
夜久　やく………………………　39
矢代　やしろ………………………208
安井　やすい………………39、122
安田　やすだ……………　121、208
安福　やすふく……………………208
八瀬　やせ…………………………208
谷内　やち………………………　44
柳田　やなぎた……………………124
矢野　やの…………　38、121、208
山内　やまうち……　39、121、208
山岡　やまおか……………………124
山口　やまぐち… 40、42、43、76、120
山崎　やまさき…………　115、120
山下　やました… 18、42、43、86、120
山田　やまだ…… 42、43、68、120
山名　やまな………………………209
山中　やまなか…………　121、209
山根　やまね………　43、121、210
山内　やまのうち………………　22
山村　やまむら……………………124
山邑　やまむら……………………210
山本　やまもと… 25、30、33、35、37、38、40、42、43、52、120
矢持　やもち……………………　40
紫合　ゆうだ………………………157
横田　よこた………………………122
横山　よこやま…42、43、120、210
吉井　よしい………………………124
吉岡　よしおか…………　121、210
吉川　よしかわ…………　121、210
吉田　よしだ…25、34、37、42、43、64、120
吉見　よしみ………………………131
吉村　よしむら……………………122
吉本　よしもと……………………123
米田　よねだ…　39、43、122、210
依藤　よりふじ…………　153、210

わ行

脇坂　わきさか……………………211
和田　わだ……　35、42、120、211
渡辺　わたなべ… 17、34、35、42、103、120

森岡　浩　もりおか・ひろし

1961年高知県生まれ。姓氏研究家。早稲田大学政経学部卒業。学生時代から独学で名字の研究をはじめる。長い歴史をもち、不明なことも多い名字の世界を、歴史学や地名学、民俗学などさまざまな分野からの多角的なアプローチで追求し、文献だけにとらわれない実証的研究を続けている。

主な著書に『全国名字大辞典』『日本名門・名家大辞典』（以上東京堂出版）『なんでもわかる日本人の名字』（朝日文庫）などのほか、『決定版新潟県の名字』（新潟日報事業社）『あなたの知らない近畿地方の名字の秘密』（洋泉社歴史新書）など、各地の名字の本も刊行している。

兵庫県《ひょうごけん》の名字《みょうじ》

親《おや》から子《こ》へ伝《つた》えたい我《わ》が家《や》のルーツ

2016年11月７日　第１刷発行

著　　者　森岡《もりおか》　浩《ひろし》
発 行 者　吉村　一男
発 行 所　神戸新聞総合出版センター
〒650-0044　神戸市中央区東川崎町1-5-7
TEL078-362-7140　FAX078-361-7552
http://www.kobe-np.co.jp/syuppan/
編　　集　のじぎく文庫
印　　刷　株式会社 神戸新聞総合印刷

ISBN978-4-343-00915-9 C0023